世の中への扉

海をわたる被爆ピアノ

矢川光則

講談社

海をわたる被爆《ひばく》ピアノ

矢川光則《やがわみつのり》

もくじ

プロローグ　五十三歳《さい》だったわたしを変えてくれたピアノ

不安や悩《なや》みはなくならない

みなさんのなかには、さまざまな悩みをもっている人がいるでしょう。

「人と話すのが苦手。」

「自分に自信がもてない。」

「自分が好きになれるものが見つからない。」

「学校の成績《せいせき》がよくない。」

わたしも十代、二十代、三十代といくつかの悩みをかかえていました。五十八歳になった今でも、小さな悩みはいくつもあります。たぶん、不安や悩みはずっとなくならないでしょう。

わたしは今、広島市《ひろしまし》でピアノの調律師《ちょうりつし》の仕事をしています。ピアノは何度も弾《ひ》いていると音程《おんてい》がずれてきます。それをととのえる仕事です。

子どものころ、わたしはひっこみじあんでした。人前で話したりするのが苦手。文章を書くのも下手。学校の成績《せいせき》もあまりよくありませんでした。

でも、音楽だけは大好きでした。

高校時代はブラスバンド部で、アルトサックスという楽器をふいていました。当時の自慢《じまん》は、部の顧問《こもん》でもある音楽の先生から「矢川《やがわ》くんは音感がいい。」と、ほめられたことです。今から四十年前の一九七〇（昭和四十五）年、わたしが高校三年生のときでした。

あのころ、夢《ゆめ》がありました。テレビの歌番組に出演《しゅつえん》する歌手の後ろで、楽器を演奏《えんそう》する仕事につければいいなぁ、そう思っていたのです。いかにも十八歳《さい》の男の子が思いつきそうな夢。もちろん、カラオケなどは、まだなかったころです。

しかし、音楽の先生にそう打ち明けると、

「自分が好きなことと、それを仕事にすることはまるでちがう話だから、あきらめたほうがいいわ。たとえ、矢川くんにものすごく音楽の才能《さいのう》があったとしても、プロの世界はまるでレベルがちがうから。」

そう、はっきりいわれてしまったのです。

わたしの音感の良さをほめてくれた先生にいわれたので、よけいにショックでした。その代わりに先生は、

「ピアノの調律師《ちょうりつし》の学校に行ってみたら?」

とすすめてくれ、専門学校《せんもんがっこう》のパンフレットを取りよせてくれました。そのときのわたしはピアノも弾《ひ》けなかったし、調律師という仕事があることさえ知りませんでした。

先生にすすめられた仕事

先生にいわれるままに専門学校の試験をうけてみたところ、わたしは幸運にも合格《ごうかく》しました。生まれてはじめて広島の実家をはなれ、静岡県《しずおかけん》にある浜名湖《はまなこ》の近くの寮付《りょうつ》きの学校で、一年間のきびしい学校生活をおくることになりました。

月曜から金曜までは毎朝六時起床《きしょう》で、三十分間のランニングからはじまります。途中《とちゅう》で朝食と昼食をはさんで、学科と実技《じつぎ》の授業《じゅぎょう》が夜八時までつづくのです。今なら二年間で勉強するような内容《ないよう》を、当時は一年間で身につけていたため、スパルタ式でした。毎週土曜日には試験があ

り、とにかく必死でした。

卒業してからは、静岡県浜松市《はままつし》にあるピアノをつくる会社に、調律師《ちょうりつし》として入社しました。でも今ふり返ると、ピアノの調律師になったことが、わたしの人生を大きく変えることになったのです。調律師の仕事は専門的《せんもんてき》なので、あるレベル以上の技術《ぎじゅつ》があれば、会社をやめて独立《どくりつ》することもできます。

ピアノをつくる会社で約十年間、つぎに楽器を売る会社でも調律師として約十三年間働いてから、わたしは独立しました。四十二歳《さい》のときです。それだけでも大きな変化でしたが、本当の意味で人生が大きく変わったのは五十三歳をすぎてからでした。

ひっこみじあんで、人前で話すのが苦手だったのに、今ではなんと最高約六千人もの前で、舞《ぶ》台《たい》の上から短いお話をするようになりました。わたし自身も想像《そうぞう》できなかったほどの変身ぶりです。

性格《せいかく》も、ずいぶん前向きになりました。あとでくわしく書きますが、今、アメリカのオバマ大《だい》統領《とうりょう》あてに、手紙を出そうと思っています。少し前の自分なら、アメリカの大統領に手紙なんか出したってどうせ相手にされるはずがないと最初から思って、あきらめていたはずです。それが、たとえダメだとしても出さないと何もはじまらない。とにかく手紙だけは出してみよう、と考えるようになりました。五十八歳《さい》になったわたしは、この五年間でとても大きく成長したと思っています。今まで「成長」という言葉は、十代や二十代の人たちのためのものだと思っていましたが、まちがいでした。

被爆《ひばく》ピアノとの出会い

わたしがこんな年齢《ねんれい》になってから成長したと自信をもっていえる秘密《ひみつ》は、一台のピアノとの出会いにあります。

第二次世界大戦中の一九四五（昭和二十）年八月六日、アメリカによって広島に落とされた原《げん》子爆弾《しばくだん》（原爆）によって傷《きず》ついた古いピアノです。原爆で多くの人の命がうばわれ、多くの建物がこわされて焼け野原になった場所で、そのピアノは奇跡的《きせきてき》に燃《も》えずにのこりました。

わたしはそのピアノを持ち主から引きとり、修理《しゅうり》して、ふたたび音が鳴るようによみがえらせました。原爆の被害を乗りこえたピアノという意味で、そのピアノは「被爆ピアノ」とよばれています。わたしは調律師《ちょうりつし》の仕事のかたわら、このピアノの演奏会《えんそうかい》や平和コンサートを全国各地でつづけています。二〇〇五年からの五年間で三百八十四回をかぞえます。

世界遺産《せかいいさん》にも登録されている広島の原爆《げんばく》ドームを背《せ》に、被爆《ひばく》ピアノの前に座《すわ》る矢川さん。

その間、被爆《ひばく》ピアノのかんたんな紹介《しょうかい》を何回もくり返すことで、わたしは人前で話すことが苦手ではなくなりました。「習うより慣《な》れよ（人に教えてもらうよりも、自分で何度も経験《けいけん》したほうができるようになる、という意味）」ということわざがありますが、まさにそのとおりです。

いろんな人たちの協力のおかげで、北海道《ほっかいどう》や沖縄《おきなわ》での演奏会《えんそうかい》なども実現《じつげん》できました。こうした経験をかさねることで、わたしはいつからか、「最初の一歩をふみ出さないと、何もはじまらない。」と考えるようになっていきました。

また、被爆ピアノの演奏会などをきっかけに、子どもから大人まで、じつにさまざまな人たちとも出会いました。いろいろな考え方や生き方にふれることで、多くのことを教えられて、おおいに成長させてもらったのです。

人はいくつになっても変わることができる

自分がやりたいことや実現したい夢《ゆめ》があれば、人はいくつになっても変わることができます。成長することだってできます。五十歳《さい》をこえてからひっこみじあんを克服《こくふく》したわたしがいうのですから、これはまちがいありません。

ピアノ調律師《ちょうりつし》の仕事をすすめてくれた先生に、あらためて感謝《かんしゃ》したい気持ちでいっぱいです。調律師の仕事をしていなければ、被爆《ひばく》ピアノと出会うことはありませんでした。今では、ピアノの調律や修理《しゅうり》の仕事が大好きです。

わかいころに自分が好きなことを仕事にできれば、それがいちばんいい。しかし、わたしみたいに人からすすめられたり、あるいは、ひとつのことを長くつづけたりしていくうちに、その仕事がとても好きになることもあります。

だから、好きなものが今見つかっていなくても、あせる必要は少しもありません。今はいやでしかたがない自分の性格《せいかく》だってだいじょうぶ。前に書いた「習うより慣《な》れよ」で、ある程度《ていど》は変えることができるはずです。

では、五十三歳だったわたしを、この五年間で大きく変えてくれた被爆ピアノの話を、そろそろはじめることにします。

第1章 「ミサコのピアノ」との出会い

「ミサコのピアノ」

「最近、このピアノのことが気になるんですよ。」

はじめてお会いしたとき、ミサコさんは、ピアノのほうをチラッと横目に見てから、そういわれました。二〇〇五（平成十七）年七月十三日のことです。その年七十八歳《さい》になる彼女《かのじょ》は、わたしと同じ広島市内に住んでいました。少し前に体調をくずしてから、自分の残りの人生を考えたとき、ピアノのことが心配になったそうです。

「もし、わたしが死んでしまったら、ピアノも古くて鳴らないからと、そのまますてられてしまうかもしれません。それが、かわいそうに思えたんです。わたしといっしょに原爆《げんばく》を乗りこえてきたピアノですから、かんたんにはすてられません。人間と同じようにピアノにも寿命《じゅみょう》があるなら、それをまっとうさせてやりたい。きちんと音が出るように直して何かに役立ててほしい、そう思ったんです。」

それがミサコさんの希望でした。

ミサコさんが、わたしに電話してきたのはひとつの新聞記事がきっかけです。

わたしが弾《ひ》かれなくなったピアノを修理《しゅうり》して、国内外の病院や施設《しせつ》などに寄贈《きそう》する活動をしているという記事でした。ミサコさんは、約一年前のその記事の切りぬきを大切にもっていました。その間、ピアノを手ばなそうかどうしようか、かなり悩《なや》まれたのでしょう。

ピアノはミサコさんが四歳《さい》のときに、お父さんから買ってもらったものでした。十七歳で原爆《げんばく》をいっしょに体験し、結婚《けっこん》や子育てをへて、七十四年間ずっといっしょにくらしてきたものです。昔は、東京の音楽学校を受験するために、ピアノの練習を一生懸命《いっしょうけんめい》していたといいます。ですから、古くなって鳴らない鍵盤《けんばん》があるとはいっても、いろいろな思い出がつまっている大切な宝物《たからもの》のはずです。

わたしはピアノを見たとき、「これはすごい！」と思いました。

ミサコさんのピアノは製造番号《せいぞうばんごう》１８２０９。一九三二（昭和七）年に静岡県浜松市のピアノ工場でつくられたものです。これが第二次世界大戦前（以下、戦前）につくられたことは、八十五鍵《けん》という鍵盤数《けんばんすう》からもわかります。現在《げんざい》のピアノはほとんど八十八鍵。戦後、八十五鍵のピアノはあまりつくられていません。

ヤマハ製《せい》のアップライトピアノで、高さ約百二十センチ、重さは約二百二十キロ。現在のピアノの多くは機械で大量生産されたものですが、ミサコさんのピアノは良質《りょうしつ》の松の木などを使い、腕《うで》のいい職人《しょくにん》によって手作りされた、たいへん貴重《きちょう》なものでした。

当時、広島市内の爆心地《ばくしんち》（原爆が落とされた中心地点）から半径約二キロの一帯は、ほとんど焼け野原だったといわれています。しかし、ミサコさんの自宅《じたく》は爆心地から約一・八キロの場所だったにもかかわらず、大きな被害《ひがい》はうけたものの、燃《も》えずにのこりました。

その日、ミサコさんは市内の軍事工場に勤労奉仕《きんろうほうし》（学校の授業《じゅぎょう》をうける代わりに、兵器などをつくる作業を手伝ったりすること）に出かけていて、自宅にはいなかったそうです。彼女《かのじょ》の話だと、原爆が爆発して天井《てんじょう》のはりは落ち、窓《まど》ガラスもかなりわれました。二百二十キロのピアノも爆風で部屋の壁《かべ》まで飛ばされたそうですが、奇跡的《きせきてき》にのこったのです。

ピアノの表面には、ガラスの破片《はへん》がつきささったような傷《きず》、爆風によってできたのだろうヘコミ、すり傷がいくつもありました。

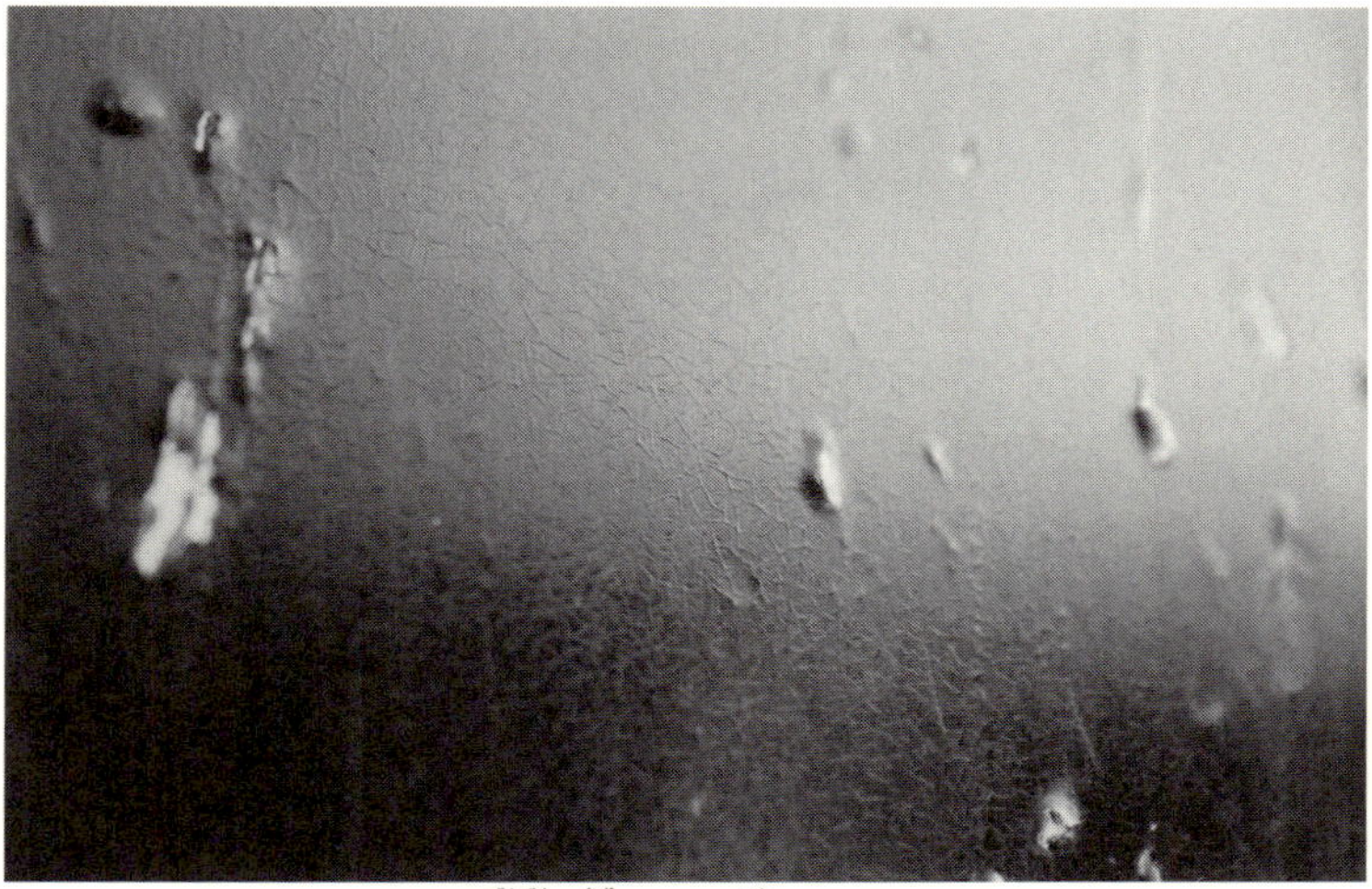

「ミサコのピアノ」の表面に残る、原爆《げんばく》の傷《きず》。ガラス片《へん》がつきささっていたという。

被爆《ひばく》ピアノの演奏会《えんそうかい》

ミサコさんは、修理後《しゅうりご》のピアノを、どこかの施設《しせつ》に寄贈《きぞう》することを考えていらっしゃるようでした。しかし、わたしはその場でこうお願いしたのです。

「修理が終わったら、原爆を乗りこえてきた被爆ピアノとして、全国各地でたくさんの人たちに、その音色をきいてもらいたいと思うんですが……。」

すると彼女《かのじょ》もすぐに、

「矢川さんが思うようにしてください。」

そうひかえめにいってくれました。ミサコさんは上品で、ものしずかな方でしたから、そんな言い方をしたのでしょう。それでも、きっと内心では喜んでいたと思います、そういうふうにつかってもらえたらうれしいなぁって。そのときの彼女の顔を見ていて、わたしにもすぐにわかりました。

わたしが被爆ピアノの演奏会を開きたいと考えたのには、いくつかの理由があります。

まず、このピアノが爆心地の近くで奇跡的《きせきてき》にのこったこと。それにピアノにのこるガラス傷《きず》などの、原爆による被害のなまなましさです。それらは子どもにも大人にも、原爆のこわさをじゅうぶんに伝えることができます。

それに、古いピアノでも修理《しゅうり》をすれば、鳴らなかった音をよみがえらせることができます。原爆《げんばく》でひどく傷《きず》ついたピアノの音色を、子どもにも大人にもきいてもらいたいと思いました。それは、音楽を楽しむことができる平和な世の中について、あらためて考えるきっかけにもなるはずです。

ピアノは言葉を話せません。でも、ミサコさんがこのピアノを心の底から大切に思う気持ちは、わたしが代わりとなって、ほかの人たちに伝えることができます。

ピアノの歴史を消さずによみがえらせる

わたしは、「ミサコのピアノ」を多くの人たちに見てもらうために、被爆《ひばく》した歴史を消さないように修理することに決めました。

象牙《ぞうげ》（象のきば）でできた鍵盤《けんばん》は使いこまれて、すっかり黄色くなっていましたが、新しいものとは取りかえませんでした。象牙は三味線《しゃみせん》を弾くバチなどにも使われていて、音の響《ひび》きがすばらしいのです。あせをよくすいとる、という特長もあります。プラスチック製《せい》の鍵盤のように、ハンカチなどであせをふきとらなくていいのです。黄色くなった鍵盤《けんばん》は、ミサコさんが長い間、一生懸命《いっしょうけんめい》弾《ひ》いてきた証《あかし》でもあります。

戦後、大量につくられるようになったピアノの鍵盤の多くは、プラスチック製です。象牙《ぞうげ》よりはるかに安くつくることができますが、象牙の鍵盤の指ざわりの良さとはくらべものになりません。

ガラスの破片《はへん》がピアノ本体につきささった傷《きず》あとやヘコミなどは、原爆《げんばく》を乗りこえてきた証《しょう》拠《こ》です。このピアノの歴史ですから、わたしはどちらものこすことにしました。

半月かけてばらばらに分解《ぶんかい》し、動かない鍵盤を修理《しゅうり》して、切れた二本のピアノ弦《げん》だけを取りかえました。すると少しクセがあるものの、深みのある、いい音が出るようになったのです。ピアノがよみがえった瞬間《しゅんかん》でした。

原爆が落とされた日

ミサコさんが生まれたのは一九二七(昭和二)年。二男二女の末っ子です。彼女《かのじょ》が四歳《さい》のときにお父さんに買ってもらったピアノは、当時のお金で六百三十円だったそうです。一戸建ての新《しん》築《ちく》の家が五百円から千円だったころで、高級品であるピアノがある家はまだまだ少ない時代でした。ミサコさんは、小学校から帰るとすぐ応接間《おうせつま》に行き、ピアノの練習をするのが日課でした。将来《しょうらい》はピアノの演奏家《えんそうか》になるのが夢《ゆめ》だったといいます。

小学二年生から十年以上、彼女《かのじょ》は友人の女の子といっしょにピアノを習っていました。ミサコさんが高等女学校（今の女子中学・高等学校）に通っているころ、日本は戦争をはじめます。一九四一（昭和十六）年十二月のことです。戦争がはげしくなると、彼女と同級生たちは学校ではなく、兵器工場に通うようになりました。戦争に使う鉄砲《てっぽう》の弾《たま》をつくるためです。

エンピツの長い芯《しん》のような火薬を、ヒモでしばって弾をつくる仕事でした。危険《きけん》な仕事にもかかわらず、同級生とならんで作業していたので、当時のミサコさんはこわくなかったといいます。

学校で授業《じゅぎょう》をうける代わりに、女子高生たちが兵器工場で人を殺す道具をつくっているのに、なぜかこわさを感じない。わたしも戦争が終わってから生まれたので、ミサコさんの「こわくなかった」という感覚を理解《りかい》するのはむずかしいです。

わたしなりにあえて想像《そうぞう》すると、戦争に勝つには、相手の国の人をより多く殺したり、傷《きず》つけたりしなくてはいけません。そのためには人を殺す道具がより多く必要になります。当時はミサコさんのような女子高生でさえも、自分が殺されたり傷《きず》つけられたりしないためには、人殺しの道具をせっせとつくるしかなかったのでしょう。

一九四五（昭和二十）年八月六日午前八時十五分、広島市にアメリカの原子爆弾《げんしばくだん》が落とされました。その瞬間《しゅんかん》、兵器工場にいたミサコさんが窓《まど》の外の景色を見ると、あたり一面がぼたん色（赤みのある桃色《ももいろ》）にちかい赤色にそまっていました。ものすごい爆風と、おそろしいほど大きな音につつまれる状態《じょうたい》が五分ほどの間、つづきました。彼女《かのじょ》は目と耳をふさぎ、その場にしゃがみこみながら、自分もこれで死ぬんだと思ったといいます。

アメリカが落とした原爆は、広島市の中心街の上空約六百メートルで爆発。半径二キロ以内の建物の多くは、爆風でなぎたおされ、燃《も》えつくされました。当時の広島市には約三十五万人の人が住んでいました。原爆で亡《な》くなった人の数は正確《せいかく》にはわかりませんが、その年の十二月末までに約十四万人が亡くなったという広島市が調べた推定数値《すいていすうち》があります。

原爆が爆発した瞬間、ものすごく高い温度の熱線と放射線《ほうしゃせん》が発生しました。急激《きゅうげき》に温度が上がってまわりの空気がふくらんだために、すさまじい爆風もまきおこしました。熱線と放射線によって、一瞬《いっしゅん》かつ無差別に大量の建物を破壊《はかい》し、大量の人を殺したのです。

亡《な》くなった約十四万人とは、原爆が落とされた瞬間に亡くなった人だけではありません。熱線や爆風《ばくふう》で体にひどい火傷《やけど》や傷《きず》をおったり、放射線《ほうしゃせん》によって白血病やガンなどの病気にかかり、ひどく苦しんだすえに亡くなられた人もふくまれています。一九四五年以降《いこう》も、原爆は多くの人の健康に被害《ひがい》をおよぼし、今もなお苦しめつづけています。

（広島平和記念資料館《へいわきねんしりょうかん》ウェブサイト http://www.pcf.city.hiroshima.jp を参考にしました。）

二本の門柱

爆心地から一・八キロの場所にあったミサコさんの自宅《じたく》は、モルタルづくりの洋館のお屋敷《やしき》でした。木造住宅《もくぞうじゅうたく》が多かった当時ではめずらしいりっぱな建物で、爆風でたおされることはありませんでした。それでも室内のドアがふっ飛び、ガラスがこなごなにわれました。天井《てんじょう》のはりは座敷《ざしき》に落ちていたといいます。赤い三角屋根の玄関《げんかん》を入ってすぐ右の、小さなガラス窓《まど》がある応接間《おうせつま》に、ピアノはありました。重さ約二百二十キロのそれも、爆風で飛ばされて壁《かべ》にたたきつけられました。爆心地の方向をむいていたためか、ピアノの表面には小指大の、われた窓ガラスの破片《はへん》がいくつもつきささっていました。

広島に落とされた原爆《げんばく》の被害《ひがい》の大きさを想像《そうぞう》する方法があります。一キロを走るのに、おおよそ六、七分かかります。そこで十二分から十四分かけてゆっくりと、できるだけまっすぐ走れる距離《きょり》を、おおざっぱに約二キロと考えることにします。その道ぞいの建物がすべてこなごなになったと思いながら、一度走ってみてください。かなり遠くまで走ることができるはずです。そのうえで、爆心地から半径二キロの範囲内《はんいない》のすべてが焼け野原になったという原爆被害の大きさを想像すると、きっと今でも背筋《せすじ》が寒くなるはずです。

かつてミサコさんが住んでいた家は建てかえられてしまい、今は別の方が住んでいます。しかし、玄関先《げんかんさき》にある濃《こ》い灰色《はいいろ》の、見るからにがんじょうそうな石の門柱二本だけは、当時のままのすがたで立ちつづけています。

家に投げこまれた大きな石

原爆が落とされてから十一日後の八月十七日。ミサコさんの家の庭に大きな石が投げこまれました。その直後、家の前から大人の男性《だんせい》が、

「戦争に負けて、日本がこれからどうなるかわからんときに、ピアノなんか弾《ひ》くとは、いった

い、何を考えとるんじゃ！」

とどなりつける声がきこえました。そのとたん、ミサコさんはこわくなってピアノが弾《ひ》けなくなったといいます。ちょうど彼女《かのじょ》の家をたずねてきた親戚《しんせき》の女の子にねだられて、ミサコさんが弾くトセリの『嘆《なげ》きのセレナーデ』という曲に合わせて、みんなで歌っていたところでした。ミサコさんにとっても、戦争が終わってからはじめて弾くピアノでした。日本が戦争に負けて、NHKラジオでさえ音楽をながすのをやめていた時期でした。

当時のミサコさんは、アメリカ軍の手伝いをするために、男女の区別もつかない死体をまたいで、事務所《じむしょ》に毎日通っていました。原爆《げんばく》で亡《な》くなった人の死体があまりに多く、しばらくかたづけられないままだったせいです。帰宅時《きたくじ》、御幸橋《みゆきばし》をわたって自宅《じたく》に近づくと、数週間は頭がズキズキといたんだといいます。おそらく、原爆投下後二週間は爆心地のまわりにのこっていた放射線《ほうしゃせん》のせいでしょう。まだ高校生だったミサコさんも、ふつうの精神状態《せいしんじょうたい》ではなかったはずです。

それもあって、親戚からせがまれたとはいえ、ひさしぶりにピアノを弾いたときは、

「まるで、かわいた砂漠《さばく》に水がしみこむように、一瞬《いっしゅん》で心がうるおうような、そんな気持ちでした。」

と、ミサコさんは当時の気持ちを話してくれました。しかし、自宅の庭に石を投げこまれたショックから、彼女《かのじょ》はしばらくピアノを弾《ひ》けなくなりました。

ミサコさんの分身

戦争が終わった翌月《よくげつ》、ミサコさんの家族は、広島市内の父親の実家に引っこしました。ガラスがささったままのピアノも、そのときトラックでいっしょに運びました。その後は、気晴らしにピアノを時々弾いていたらしく、そのたびに気持ちがホッとしたといいます。ガラスがつきさっていたピアノの表面などを直してもらうために、楽器店に塗装《とそう》のかけ直しをたのんだこともあります。

結婚《けっこん》するときも、ミサコさんはピアノを新居《しんきょ》にもっていきました。

でも家事や子育てに追われて、弾く機会は少なくなっていきました。調律《ちょうりつ》も一度してもらいましたが、またすぐに音が出なくなったそうです。ミサコさんはピアノを弾いてみたいと思っても、あの石を投げこまれた事件《じけん》のことを思い出したり、ご近所のめいわくになるかもしれないと思ったりして、だんだんと、弾けなくなっていきました。

いっそのこと、イヤホンで音がきこえる電子ピアノを買おうかと思ったこともあったそうですが、体調をくずしたご主人の看病《かんびょう》などもあり、自分ひとりが趣味《しゅみ》を楽しむ気持ちには長い間なれなかったそうです。

その話をきいていて、わたしは思い出したことがあります。

わたしがミサコさんのピアノを修理するために工房《こうぼう》に持ち帰り、よく調べてみたときのことです。約半数の鍵盤《けんばん》は動きませんでしたし、二百十七本のピアノ弦《げん》のうち、二本は切れていました。それでも風通しのいい部屋におかれ、そうじも時々されていたらしく、ピアノの下や裏側《うらがわ》の、ホコリがいちばんたまりやすい場所はとてもきれいでした。

ミサコさんのピアノは、弾《ひ》かれなくなってからも、ずっと大事にされてきたのです。

調律師《ちょうりつし》という仕事がら、わたしは部屋のすみで荷物置き場にされていたピアノや、家の庭で雨ざらしになったピアノを、今までたくさん見てきました。だから、自分では何もしゃべらないピアノが、この七十四年間、ミサコさんにどれほど大事にされてきたのかが、よくわかるのです。

人の顔がひとりひとりちがうように、ピアノも一台一台ちがいます。

調律や修理《しゅうり》を約四十年間つづけてきた経験《けいけん》から、わたしはそう思っています。工場から出荷《しゅっか》されるときは同じものでも、持ち主の弾《ひ》き方《かた》や保管《ほかん》の仕方などによって、ピアノはどんどん変わっていきます。調律《ちょうりつ》を長年つづけていると、ピアノをとおして持ち主の弾き方のクセや、その性格《せいかく》までがわかるようになります。

わたしから見れば、傷ついた古いピアノは、ミサコさんの分身（もうひとりの自分）のような大切なものでした。

ピアノの音色と物語を伝えていく

わたしは、ミサコさんの被爆《ひばく》体験と、これまでのいきさつをきいたとき、ピアノを引きとったこと以上の、重い責任《せきにん》を感じました。ミサコさんとピアノの七十四年間の強い結びつきをふくめて、自分がこの被爆ピアノの物語を伝えていかなければいけないんだ、と身が引きしまるような気持ちになったのです。

原爆が落とされてから六十五年後の今、この本を読んでくれているみなさんは、戦争や原爆について、どれくらい知っていますか？

今年五十八歳《さい》になるわたしも、戦争が終わってから約七年後に生まれています。正直にいうと、ミサコさんに会うまで戦争や原爆《げんばく》のことはあまり知りませんでした。わたしの父は爆心地から八百メートルのところで被爆《ひばく》しています。父が被爆していて、わたしも広島に生まれそだちながら、原爆や平和について長い間あまり興味《きょうみ》がありませんでした。大人になってからも、広島平和記念資料館《しりょうかん》には一度も行ったことがなかったほどです。

ですから、みなさんが今、原爆についてよく知らなかったり、あまり関心がなかったとしても、その気持ちはよくわかります。

しかし、小学校高学年以上の人なら、そのおじいさんやおばあさんの多くは戦争を体験されているはずです。そのなかには広島や長崎《ながさき》で原爆を体験した方もいらっしゃるでしょう。まるで自分と関係のない話ではありません。あなたの家族のだれかは、かならず原爆や戦争とつながっているのです。

戦争のこわさや、原爆がまねいた悲惨《ひさん》な事実を伝え、平和の大切さを考えてもらうにはいろんな方法があります。ピアノの調律《ちょうりつ》を仕事にしているわたしは、原爆を乗りこえたピアノを修理《しゅうり》し、その音色を多くの人たちにきいてもらうことが、自分にいちばん合った活動だと思いました。それから全国各地の学校や、平和を考える集まりなどに出かけて、被爆ピアノの演奏会《えんそうかい》をおこなうようになりました。

今（二〇一〇年二月末時点）、わたしが知っているかぎりで、日本には合計八台の被爆《ひばく》ピアノがあります。わたしがもっているものが四台、広島に住む個人《こじん》の方がもっているものが一台。のこりは広島平和記念資料館《しりょうかん》に被爆資料として二台、長崎原爆資料館に一台です。

二〇〇五年七月十三日の「ミサコのピアノ」との出会いが、わたしの人生をかえました。わたしが五十三歳《さい》のときでした。

第2章 「知らないこと」はこわいこと

「ウソから出た実《まこと》」

被爆《ひばく》ピアノの演奏会《えんそうかい》活動も、今年で六年目にはいりました。みなさんからは、「矢川さんはすごいですね。」と、ほめていただくことが多いのですが、じつは、わたしがお酒を飲んだいきおいで、つい口をすべらせてしまったことがきっかけでした。「ウソから出た実」（冗談《じょうだん》が事実になること）みたいなもので、本当はぜんぜんカッコよくないのです。

話は少し前にさかのぼります。

二〇〇四（平成十六）年七月、わたしがもっている被爆ピアノが、長崎平和音楽祭に招待《しょうたい》されました。「ミサコのピアノ」の一年前、一九三一（昭和六）年につくられた、別のアップライトピアノです。ここでは「昭和六年のピアノ」とよぶことにします。被爆ピアノを広島県外に持ち出したのは、このときの長崎がはじめて。会場は長崎原爆資料館《げんばくしりょうかん》ホールでした。長崎はもちろん、広島の新聞にも、被爆《ひばく》ピアノが音楽祭に参加したことは大きくとりあげられました。

その影響《えいきょう》も多少はあったかと思います。同じ年の十一月、友人らとのお酒の席で、少し酔《よ》っぱらったわたしは気が大きくなり、

「来年は広島に原爆が落とされてから六十周年だから、被爆ピアノも全国各地に出かけさせたい。」

と口ばしってしまったのです。

もちろん、そのときは何の予定も決まっていませんでした。ところが、それを伝えきいた新聞記者の人が、わたしのところへ取材にやってきたのです。こうなると、「いやぁ、あれはお酒のいきおいで、つい口がすべってですねぇ……。」と本当のことはいいづらく、わたしはひっこみがつかなくなってしまいました。

勇気づけられた言葉

つづいて追い打ちをかけるようなことが起こります。二〇〇四年の年末、調律《ちょうりつ》のお客さんの

家に、新年のカレンダーをくばってまわっていたときでした。わたしが目を少しはなしたすきに、「昭和六年のピアノ」を積んだトラックが川へ転落。ピアノは修理《しゅうり》ができないほどこわれてしまいました。

さらに最悪なことに、わたしが口ばしった「被爆《ひばく》ピアノ演奏会《えんそうかい》で全国へ」という新聞記事が、翌《よく》二〇〇五年の一月五日づけの地元新聞にのってしまったのです。

ピアノが修理できないほどこわれてしまったのに、新年早々にそんな記事が出るなんて……。演奏会の申しこみが来たら、ピアノもないのに、いったい、どういってあやまればいいんだろうか……。

わたしはすっかりこまりはててしまいました。

一月下旬《げじゅん》に広島県内で予定されていた被爆ピアノのコンサートを、中止にしてもらおうかとも考えました。そのとき、ひどく落ちこんでいたわたしをはげましてくれたのが、まわりの知人や友人たちでした。あのとき、自分の背中《せなか》をおしてくれる人がいなかったら、わたしは今、被爆ピアノとはまるで縁《えん》のない生活を送っていたかもしれません。

「矢川さんがもっている戦争前につくられた二台のピアノも、広島で原爆を経験《けいけん》しているんだから、被爆ピアノとして演奏してもだいじょうぶだよ。矢川さんの強い思いがあれば、どのピアノを使ってもいいじゃないか。」

友人のそんな力強い言葉に勇気づけられて、わたしもようやく気持ちを切りかえることができました。

「ミサコのピアノ」と出会うまで、わたしの工房《こうぼう》には当時、戦前につくられた三台の古いピアノがありました。いずれも最初の持ち主からほかの人の手にわたっていました。わたしがそれぞれ引きとり、修理《しゅうり》してよみがえらせたものです。三台とも広島市内で原爆《げんばく》を経験《けいけん》していることは確認《かくにん》できていました。しかし、どれも最初の持ち主とは会えていなかったので、「ミサコのピアノ」のように、ピアノが被爆《ひばく》した様子や、持ち主とピアノとの物語はきくことができなかったのです。

三台中でもっとも古いものが、先にこわれた「昭和六年のピアノ」でした。二〇〇一（平成十三）年八月からはじめた「アオギリ平和コンサート」でも、長崎平和音楽祭でもそれをつかっていました。それもあって、わたしにとって「被爆ピアノ」は、「昭和六年のピアノ」だったのです。

しかし、こわれてしまった以上、気持ちを切りかえるしかありません。

のこる二台のうち、一九三八（昭和十三）年につくられたアップライトピアノを、「被爆ピアノ」として使うことにしました。すると、新聞記事を読んだ人から、演奏会《えんそうかい》の依頼《いらい》が少しずつ入りはじめました。そのひとつが、同じ年の三月に予定されていた愛知万博《あいちばんぱく》のオープニングイベントへの、高校生たちからの出演依頼でした。

高校生からの愛知万博への出演依頼

「平和の大切さを伝えたいので、ぜひ被爆《ひばく》ピアノをつかわせてください。」

彼女《かのじょ》の真剣《しんけん》さは電話の受話器ごしにも、じゅうぶんに伝わってきました。

二〇〇五年一月、当時高校一年生で東京に住んでいたOさんが、被爆ピアノのことを知り、愛知万博の平和コンサートに協力してくださいと電話をくれたのです。全国から十代の「平和大使」百人が集まり、「高校生一万人署名活動《しょめいかつどう》」をおこなっていました。彼女はそのリーダーのひとりでした。

わたしはうれしく思うと同時に、高校生がそんな活動をしていることにおどろかされました。長い間、わたしは「平和運動をする人は、よほどお金持ちか、時間をもてあましている特別な人たちだ。」と思っていたためです。会ったことも話したこともないのに、自分勝手な思いこみでそう決めつけていました。

二〇〇一年から、被爆《ひばく》ピアノを使った「アオギリ平和コンサート」を毎年八月にひらいてはいましたが、わたし自身が原爆や平和について調べていたわけではありません。正直にいうと、あまり関心がなかったのです。それもあって高校生たちが平和のために、自分たちができることに取りくんでいるすがたにはびっくりさせられました。

愛知万博《ばんぱく》の平和コンサート前日、被爆ピアノとともに会場についたあと、高校生たちの討論会《とうろんかい》にも参加しました。真剣《しんけん》な議論をきいていて、わたしは急に自分がはずかしくなりました。

高校生たちの「協力してほしい。」という気持ちをうれしく思って参加したのですが、わたしの心には、「とはいっても高校生だから……。」という、どこか見下すような気持ちがありました。その活発な話し合いを目の当《まあ》たりにしたわたしは、彼《かれ》らをバカにしていた自分に気づかされたのです。高校生たちのほうが、わたしより真剣に、平和を守るために自分ができることを考えようとしていました。

その夜、高校生らとザコ寝《ね》したのも貴重《きちょう》な体験でした。

暖房器具《だんぼうきぐ》があまりなくて夜寝るときに寒かったこと、三食ともコンビニのお弁当《べんとう》でうんざりさせられたことも、今ふり返れば楽しい思い出です。高校生たちは食べなれているらしく、毎回おいしそうに食べていましたが、当時五十二歳《さい》のオジサンには少々脂《あぶら》っこすぎました。

「放射線《ほうしゃせん》さわぎ」

愛知万博《ばんぱく》の直前、イベントに参加するのをやめようかと思ったことがありました。その一週間前、万博の実行委員会の人からかかってきた電話のせいです。

「被爆《ひばく》したピアノということは、原爆の放射線もあびているわけですよね。その放射線のせいで、もしも万博会場で何か問題がおきた場合、あなたは責任《せきにん》をとれますか?」

委員会の人は、いきなりそう質問《しつもん》してきたのです。

高校生たちの真剣《しんけん》な気持ちにこたえようと思っていたわたしは、頭から冷たい水をぶっかけられたような気持ちになりました。おもわずムカッとしました。

二〇〇一年から「アオギリ平和コンサート」は毎年つづけていて、広島県内の学校からもよばれて年間七、八回は演奏会《えんそうかい》に出かけています。被爆ピアノが愛知万博の平和コンサートに参加することは地元広島のテレビ局も知っていて、当日の様子を放送することも決まっていました。

「そげん(そういう)ことをおっしゃるんなら、あなた、広島にぁ来れやせんよ(来られませんよ)。」

腹《はら》が立ったわたしは、おもわず広島弁《ひろしまべん》でそう言い返していました。広島に原爆《げんばく》が落とされて約六十年もたつのに、広島が今も放射線《ほうしゃせん》まみれの街のような言い方にきこえたからです。自分が生まれ育った場所をバカにされたような気がして、受話器を持つ手もブルブルとふるえていました。わたしはふだんはニコニコしていますが、本当はおこりっぽいのです。胸《むね》のおくからわき上がってきた気持ちを、はきださずにはいられませんでした。

「わかりました。被爆《ひばく》ピアノは万博《ばんばく》にはもっていきません。ただ、地元のマスコミなどにはすでに伝えていますから、なぜ中止するのかは説明しないといけません。今あなたがおっしゃったように、万博実行委員会の人から『被爆ピアノを持ちこんで、参加者に放射線の影響《えいきょう》が出た場合に責任《せきにん》がとれるのか。』といわれたからだ、と伝えます。」

そういいおえるやいなや、わたしは電話をガチャンと音を立てて切ってしまいました。それでも、いかりはなかなかおさまりませんでした。

その約十分後、先の実行委員の人からおわびの電話がかかってきたのです。

「まことに申しわけありません。どうか、先ほどの電話はなかったことにしてください――。」

どうやら、まわりによく相談もせず、その実行委員がひとりで心配して電話をしてきたようです。相手があやまっているのに、そこでわたしがヘソをまげても大人げありません。高校生たちとの約束もあります。いやみのひとつもいってやりたい気持ちをぐっとこらえて、わすれることにしたのです。

「よく知らないこと」のこわさ

愛知万博《ばんぱく》を終え広島にもどってきて、しばらくしてからのことです。落ちついて考えてみると、わたし自身が原爆《げんばく》や放射線《ほうしゃせん》について何も知らないことに気づきました。

被爆《ひばく》ピアノを全国各地に運んでいくといいだしておきながら、わたしはピアノにのこる放射線について質問《しつもん》されると、何ひとつ説明できなかったのです。ただおこって、電話を切ることしかできませんでした。

演奏会《えんそうかい》で全国に行けば、放射線だけでなく、原爆についてもいろいろ質問されるでしょう。そのときに広島で生まれそだったのに、「よくわかりません。」としか答えられないのは、とてもはずかしいことです。

さっそく、わたしは原爆について何冊《なんさつ》かの本を読んでみることにしました。そして原爆が爆発したときに発生した残留放射線《ざんりゅうほうしゃせん》は、一週間後には九十パーセント以上が消滅《しょうめつ》し、その後一年以内には自然放射線のレベルになっていたことなどが、専門家《せんもんか》の研究で明らかになっていることを知りました。

わたしはあらためて、万博《ばんぱく》の実行委員会の人のことを思い出したのです。あの人も、原爆《げんばく》や放射線についてよく知らなかったので、「被爆《ひばく》ピアノの放射線で何か問題がおきたら……。」と、たぶん心配になったのでしょう。それは万博で高校生たちと会うまでのわたしが、平和運動をする人たちにもっていたまちがった思いこみと同じ種類のものです。

本当はよく知らない人や物事について、大人も子どもも「好きだ」とか「きらいだ」と、一方的に決めつけてしまいがちです。それがひいては学校や職場《しょくば》でのいじめにつながり、人の心をひどく傷《きず》つけてしまうこともあります。「その人や物事について、よく知らなかったからしょうがない。」では、ぜったいにすまされません。わたしは「放射線さわぎ」を経験《けいけん》して、生まれてはじめて、そう気づきました。

そのとき、あざやかによみがえった思い出があります。

静岡県浜松市のピアノ製造会社《せいぞうがいしゃ》で、わたしが調律師《ちょうりつし》の仕事をしていたときのことです。調律に出かけた家のおくさんと話をしていて、広島市出身のわたしの父が、原爆《げんばく》を体験していると知った彼女《かのじょ》は、こういったのです。

「うちの娘《むすめ》も今、広島の会社で働いているんだけど、広島の人とはぜったいにつき合うなって、きびしくいってあるのよ。だって被爆《ひばく》した人の子どもには、原爆の後遺症《こういしょう》が出るかもしれないでしょう。そんな人と知らずに結婚《けっこん》でもして、もし子どもができたらたいへんなことになるわ。……だから矢川さんも、お父さんが被爆したというのは、ほかの人にはあまり話さないほうがいいわよ。」

おくさんは、わたしのことを心配していってくれたのですが、それは原爆や放射線《ほうしゃせん》のことを正しく知らないことからくる誤解《ごかい》であり、差別でした。しかも彼女は当時、地元の中学校の先生をしていたのです。

わたしの父も、広島に当時住んでいた人たちも、自分からすすんで被爆したわけではありません。原爆からにげる方法もありませんでした。

国籍《こくせき》や肌《はだ》の色のちがい、背《せ》が高い低いなどの容姿《ようし》と同じように、自分で選びようがないものについて、その人を傷《きず》つけるような行動をとったり、言葉にしたりすることは、人としてもっともはずかしいこと。やってはいけないことです。

はじめての北海道

「矢川さん、北海道にはいつごろ来てもらえますか。」

愛知万博《ばんぱく》でのコンサートに参加していた高校生のNさんから、そんな電話がかかってきました。万博の翌月《よくげつ》のことです。彼女《かのじょ》も平和大使のメンバーのひとり。Nさんはコンサート終了《しゅうりょう》後《ご》、「傷《きず》だらけのピアノから、あんなきれいな音が出たのでとても感動しました。」と話していました。

彼女の話によると、わたしは札幌《さっぽろ》に住むNさんに、

「被爆《ひばく》ピアノを北海道にも運んでいくよ。」

と口約束をしたといいます。かわいい女子高生を前に、またも調子にのって口をすべらせてしまったようです。しかもこまったことに、北海道へ行くとなると、相手は高校生なので、交通費や宿泊代《しゅくはくだい》などは、わたしが負担《ふたん》しなければなりません。

結果から書くと、その年の六月末からの一週間、北海道の四か所で平和コンサートをやりました。札幌・小樽《おたる》・滝川《たきかわ》・伊達《だて》（有珠山《うすざん》の近く）で、合計十回のコンサートでした。Nさんは、札幌市にある他校の高校生にも声をかけて、コンサートのための委員会をつくり、ポスターや入《にゅう》

2006年には、日本最北端《さいほくたん》の北海道・宗谷《そうや》 岬《みさき》でも、「被爆《ひばく》ピアノコンサート」を開催《かいさい》した。

場券《じょうけん》をつくるなど懸命《けんめい》に取りくんでくれたのです。わたしはピアノや機材を運ぶために二人の友人をさそい、交通費などは三人で出し合いました。地元広島のテレビ局に、札幌の女子高生が被爆《ひばく》ピアノをよんでくれたと声をかけると、取材をしてくれることにもなりました。

広島から京都《きょうと》の舞鶴港《まいづるこう》までトラックで走り、そこからフェリーに乗って、深夜に小樽港につきました。するとNさんら十人の高校生たちが、わざわざ出むかえに来てくれていて、わたしはとても感激《かんげき》したのです。彼女《かのじょ》たちの気持ちにこたえたくて、トラックの荷台に乗ってもらい、その場で被爆ピアノをみんなに演奏《えんそう》してもらいました。わすれられないミニ演奏会になりました。

Nさんらのがんばりもあり、札幌市内のコンサートでは五百席のホールに、なんと約四百人ものお客さんが集まりました。

コンサート当日、Nさんのご両親とも話をすることができたのですが、最初は「高校生がコンサートを開くなんてできるはずがない。」と、大反対したそうです。ご両親は、Nさんがそれをおしきって、四百人もの人たちを集めたことにおどろくと同時に、とても感激して涙《なみだ》ぐんでいました。

わたしも同じでした。彼女たちの気持ちはうれしいけれど、高校生の企画《きかく》だからお客さんはあまり集まらないだろうし、それでもしかたがないと考えていたからです。

ところが、被爆《ひばく》ピアノを多くの人たちにきいてほしい、という高校生たちの思いは、約四百人もの人たちを会場に集めたのです。そのお客さんを前にして、わたしは鳥肌《とりはだ》がたつほど胸《むね》が熱くなりました。同時に、「高校生だから」とあまく見ていた自分が、はずかしくてたまりませんでした。

わたしが「ミサコのピアノ」と出会ったのは、北海道での演奏会《えんそうかい》からもどった直後のことでした。

二〇〇四年十二月に、「昭和六年のピアノ」をこわしてしまったこと。
二〇〇五年三月の、被爆ピアノをめぐる「放射線《ほうしゃせん》さわぎ」。
二〇〇五年三月の愛知万博《ばんぱく》で、高校生たちとすごした時間。
二〇〇五年六月末の北海道で感じた、高校生の平和への強い思いと、人を動かす力。
二〇〇五年七月に出会った、ミサコさんとピアノとの強い結びつき。

わずか八か月あまりで、それまで原爆や平和にはあまり関心がなかったわたしは、とても大きな経験《けいけん》をしました。

「被爆《ひばく》ピアノ」の裏話《うらばなし》

ここまでずっと「被爆ピアノ」と書いてきましたが、このよび方は、わたしが考えたものではありません。

二〇〇一（平成十三）年八月六日、わたしははじめて「アオギリ平和コンサート」をおこないました。

原爆で片足《かたあし》を失い、その後は「原爆の語り部」として、学生などに自身の被爆体験を話されていた、沼田鈴子《ぬまたすずこ》さんとの合同コンサートでした。以来、このコンサートは、広島に原爆が落とされた日に毎年つづけられています。以前から知り合いだった沼田さんの活動を、応援《おうえん》するためにはじめたものです。

その最初のコンサートの記事を書いてくれた新聞記者が、「被爆二世の調律師《ちょうりつし》が保有《ほゆう》する被爆ピアノ」とはじめて書いてくれたのです。広島では、「被爆電車」や「被爆建物」というよび方をすることはめずらしくありません。

しかし、わたしはこのよび方が最初しっくりきませんでした。

たしかにわたしの父や母は被爆者ですが、父はともかく、母もわたしも健康にくらしてきました。わたし自身、それまで「被爆二世」という意識もまるでありませんでした。自分とは関係のないところで、そんなイメージが勝手につくられ、ひとり歩きしていく感じがしていやだったのです。

第一回「アオギリ平和コンサート」でも、わたしは「原爆を乗りこえてきたピアノ」と紹介《しょうかい》していました。「ミサコのピアノ」と出会う四年前で、原爆や平和についてあまり関心がなかったからです。

当時のわたしの活動は、弾《ひ》かれなくなった中古ピアノを修理《しゅうり》して、施設《しせつ》などに寄贈《きそう》することが中心でした。それをとおして、「物を大切につかうこと」をよびかけていました。その活動の一環《いっかん》で戦前のピアノを引きとり、修理しても寄贈せずに、「戦前ピアノ」としてコンサートにも使っていました。そんな古いピアノでも、修理すればまだ使えることを広く知ってもらうためです。

それが、「ミサコのピアノ」と出会ったことでかわりました。

「被爆ピアノ」をとおして、多くの人たちと出会えたからです。広島から県外に出ると、「被爆ピアノ」というよび名が、「原爆を乗りこえてきたピアノ」として受けとめられているのを感じて、このよび方もいやではなくなりました。

アオギリ平和コンサート

「アオギリ平和コンサート」について、もう少し説明しておきます。

広島市のシンボルでもある「広島平和記念公園」は、爆心地《ばくしんち》とは目と鼻の先で、原爆で焼け野原となった跡地《あとち》につくられました。「アオギリ平和コンサート」は、その公園内にある「広島平和記念資料館《しりょうかん》」前の、被爆《ひばく》したアオギリという木の前で、毎年おこなっています。

その場所を選んだのには理由があります。沼田さんが、片足《かたあし》を失ったショックから自殺しようと思いつめていたとき、このアオギリの木との出会いが彼女《かのじょ》を救ったからです。被爆したアオギリが、緑色の小さい若葉《わかば》を出しているのを見つけた沼田さんは、傷《きず》ついてもなお必死に生きぬこうとする木の強さに心を打たれ、自殺を思いとどまったといいます。被爆アオギリは、原爆と平和について考えるのにふさわしい場所なのです。

毎年、コンサートは午後二時から八時までの六時間。プロの演奏家《えんそうか》と、前もって申しこまれた一般《いっぱん》の希望者に、ひとり五分ずつ弾《ひ》いてもらっています。

「ふだん弾いているピアノとはぜんぜんちがう。」

「見た目は傷ついているけれど、ピアノから生命力を感じる。」

「長くてつらい年月を乗りこえてきた音色がする。」

毎年、演奏した子どもから大人までが、いろいろな感想をきかせてくれます。

アオギリは、木の幹《みき》や枝《えだ》が青みがかった緑色で、その葉が桐《きり》という木の葉に似《に》ています。原爆《げんばく》が落とされたあと、被爆《ひばく》アオギリのとなりに、緑色の小さなアオギリの芽が見つかりました。それが六十五年後の今ではとても大きくなり、色あせた被爆アオギリのとなりで、緑色の幹や枝をすくすくとのばしています。

第3章　わたしを変えてくれた子どもたち

必然的にのこされたピアノ

二〇〇五年からの五年間でいえば、「ミサコのピアノ」の演奏会《えんそうかい》の半分以上は小・中・高校でおこなわれました。平和教育として広島県内の学校からよばれたり、修学旅行《しゅうがくりょこう》で広島に来る学校からたのまれたものが多いです。のこりは平和団体《だんたい》の集まりや、平和コンサートなどへの参加です。

五年間での被爆《ひばく》ピアノの演奏会やコンサートは三百八十四回。ちなみに二〇〇九年は百十回で、二〇一〇年は百五十回をこえる勢《いきお》いです（二〇一〇年四月末現在）。

「矢川さんは『被爆ピアノは奇跡的《きせきてき》にのこった。』と話されましたが、ぼくは、そうは思いません。原爆のおそろしさや戦争の悲しみ、そして平和の大切さを伝えるために、必然的にのこされ

毎年、広島には大勢《おおぜい》の修学旅行生《しゅうがくりょこうせい》が訪《おとず》れる。被爆《ひばく》ピアノの伴奏《ばんそう》で歌う生徒たち。

たピアノだと思います。ピアノの音色をきいてみて、そう感じました。」

「ミサコのピアノ」について、こんな感想をきかせてくれたのは、北海道・稚内《わっかない》にある宗谷《そうや》中学校二年生の男子生徒でした。「必然的」とは、「必ずそうなるように」という意味です。

広島原爆《げんばく》では爆心地から半径二キロ一帯は焼け野原だったのに、半径一・八キロの民家にあった「ミサコのピアノ」は奇跡的《きせきてき》にのこりました——わたしがそう話したことについて、彼《かれ》はまるで反対の意見をいってくれたのです。しかも原爆を落とされた、世界中でただひとつの国にとっての被爆《ひばく》ピアノの大切さを、わたし以上にしっかりと受けとめてくれています。

その後も演奏会《えんそうかい》をかさねるたびに、

「奇跡的にではなく、これは必然的にのこされたピアノだと思う。」

そう感想文に書いてくれる生徒たちが、かならずいます。

彼らの年齢《ねんれい》のときに、わたしはそんな感想文を書けただろうか、そこまで想像力《そうぞうりょく》をはたらかせることができただろうか。そう考えると、自信がありません。自分のほうが中学生たちから教えられているなぁと、わたしは思うようになっていきました。

心をふるわせて書かれた文章

年齢《ねんれい》や肩書《かたがき》、あるいは外見で人を決めつけてはいけない。

被爆《ひばく》ピアノをとおして子どもたちと出会うなかで、わたしが教えられたことのひとつです。それを決定づけたのは、小学生たちの被爆ピアノの受けとめ方でした。

毎回、演奏会《えんそうかい》についての感想文をみんなに書いてもらい、あとで学校から送ってもらっています。それらを読んでみて感心させられたのは、小学生たちの感じとる力の純真《じゅんしん》さ（けがれがなく清らかなこと）。被爆ピアノが経験《けいけん》したことを、それぞれが心を強くふるわせて感じとり、自分の身に起きたこととして受けとめようとする姿勢《しせい》でした。

たとえば、小学一年生の男の子はピアノを人に見たてて、「ぼくは、ばくだんの音がこわくて、まどガラスがいっぱいささったとき、『いたかったよう』ときこえるようでした。」と書いてくれました。

ほかにも、こんな感想がありました。

「わたしはひばくピアノをきいて、きれいだけどかなしいきもちになりました。ガラスのきずあ

とをみたからです。げんばくはやっぱりこわいとおもいました。」（小学一年女子）

「このピアノは、ひばくちから二キロもはなれていないのにのこっていたからすごいと思いました。ぼくは、せんそうをしないためにどうすればいいのかなあと思います。ぼくはけんかをしないことだと思います。」（小学三年男子）

「わたしはひばくピアノの音色がきれいな音だったのでびっくりしました。初めはちょっとくらい音かと思っていたけれど、じっさいはやさしい音でした。原ばくにあったことを語ってくれているような気がしました。原ばくにあいながらも立ちつづけたそのピアノはすごいと思いました。」（小学四年女子）

「わたしはせんそうにあっていないけど、ひばくピアノのすがたは『がんばったんだよ』というすがたをしていました。（中略《ちゅうりゃく》）ふつうのピアノとはちがって、けんばんがあたたかくかんじました。ガラスのささったきずあとはふかくてとても大きかったです。」（小学四年女子）

こういう感想文を読むと、被爆《ひばく》ピアノをトラックに積んで、長い時間運転して出かけたつかれなんて、一瞬《いっしゅん》でふっ飛んでしまいます。

ふたつの原動力

つづいて中学生たちの感想文を紹介《しょうかい》します。

「今日見た被爆ピアノは、爆心地からわずか一・八キロのところにあって、それでものこったのは奇跡《きせき》だと思っていました。でも、もしかすると未来の人たちに戦争の苦しさというものをつたえるために、神様がのこしてくれたものかもしれないなと思いました。」（中学二年男子）

「今日ははじめて被爆ピアノをみたり、実際《じっさい》にさわらせてもらい、戦争の、そして原爆のこわさをとても感じることができました。今まで原爆で焼けた物は見たことがなかったし、こわさや悲しみは何となくしかわかりませんでした。しかし、ピアノの音色や色、傷《きず》から肌《はだ》で感じることができました。」（中学二年女子）

「今ここに生きていられ、何の不自由なく生きられることを幸せに思わないといけないと思いました。わたしも矢川さんのように大きなことができるかはわからないけど、妹や家族に今日のことをつたえます。」（中学一年女子）

「音色もとてもきれいで、ひいてくれた音ひとつひとつが心の中にひびいていて、わすれられません。これからも、この音を心の中にとどまらせておきます。」（中学二年女子）

読んでいると、なんだか、とてもたのもしい気持ちになりませんか？

「未来の人たちに戦争の苦しさというものをつたえるために、神様がのこしてくれたものかもしれない。」という想像力《そうぞうりょく》。「妹や家族に今日のことをつたえます。」という決意。「ピアノの音色や色、傷《きず》から肌《はだ》で感じることができました。」という感じとる力……。

わたしは読んでいるだけでワクワクしてきました。

わたしが被爆《ひばく》ピアノの演奏会《えんそうかい》をつづけているいちばんの原動力は、もっとも身近な家族の笑顔《えがお》です。

わたしには今年二十九歳《さい》になる娘《むすめ》と二十七歳になる息子《むすこ》、それに四人のかわいい孫たちがいます。自分の好きなピアノや音楽をとおして、彼《かれ》らの世代に平和の大切さを伝えていきたいのです。孫たちが大きくなったときにも、今と同じように自分が好きなことや、興味《きょうみ》があることに挑戦《ちょうせん》できる世の中であってほしい。そのためには戦争のない平和な世の中でなければいけません。

そんな家族の笑顔《えがお》の先にしか、わたしは平和のことを考えられません。

ただし、こうした方法であれば、だれでも想像力《そうぞうりょく》をふくらませることができます。

消防士《しょうぼうし》だったわたしの父は、広島に原爆《げんばく》が落とされた日、爆心地から半径八百メートルの場所で被爆《ひばく》しました。当時二十六歳でした。その前にも戦争などがあり、戦後に生まれたわたしが経験《けいけん》したような青春時代が、父にはありませんでした。

被爆後もかろうじて生きのこりましたが、原爆の放射線《ほうしゃせん》をあびたせいか体調をくずし、約三年後には消防士の仕事をやめてしまいます。自分の好きな仕事をつづけられなかった父のくやしさを、親になった今、わたしはひしひしと感じることができます。母とのお見合い写真にも、消防署《しょうぼうしょ》の制服《せいふく》をきてうつっているところを見ると、消防士という仕事は父の誇《ほこ》りでもあったはずなのです。

わたしのもうひとつの原動力は、被爆ピアノの演奏《えんそう》をきいてくれた子どもたちへの期待感です。今は何もできなくても五年後、十年後に被爆《ひばく》ピアノのことをふいに思い出してくれるかもしれません。

夏の原爆関連のテレビ番組を見ながら、自分の子どもに被爆ピアノの演奏《えんそう》をきいたことを話してくれたり、平和を考えるイベントを企画《きかく》してくれたりする可能性《かのうせい》もあります。そんなふうに日本のあちこちで、わたしは被爆ピアノの思い出がさまざまな新しい芽を出す日を、今から待ちのぞんでいるのです。

高校時代に被爆ピアノをきいてくれた大学生たちが、被爆ピアノをつかった平和イベントを手がけようという動きも少しずつはじまっています。

はずかしくない人生の先輩《せんぱい》

自分たちで原爆についてしっかり調べたうえで、被爆ピアノの演奏をきいたり、見に来てくれる子どもたちの感想文にも、ときどきおどろかされることがあります。

埼玉県《さいたまけん》にある自由《じゆう》の森学園《もりがくえん》の生徒たち十五名が、二〇〇七年に、わたしのピアノ工房《こうぼう》をたずねてきてくれました。そのときの感想文のなかから、ある女子中学生の文章の一部を、少し長くな

ります が紹介《しょうかい》させてください。

「（前略《ぜんりゃく》）矢川さんは三人の被爆者《ひばくしゃ》の方々のようにお話がすごくうまいわけではなかった。けど、わたしの心には確実《かくじつ》につたわってくるものがあった。すごくうらやましかった。矢川さんはキラキラした言葉を持っていたからすぐにわかった。

（中略）矢川さんはピアノを見つけた。それはすごいことだと思う。自分の大好きなものといっしょに平和をうったえる事ができる。まさに夢《ゆめ》だ。わたしも何か見つけたい。平和に直接《ちょくせつ》つながらなくてもいい。ただ『これだ！』って思えればいいなぁって思う。見つかるかな？　見つからない気がする。でも光は見えた気がした。いやまだ光ではないのかな？　でも輝《かがや》ける。っていうか輝いてみせる。やっぱり音楽はすごい。っていうか人間はすごい。人間は輝けると思う。

このコースに入ったのはこのピアノを弾《ひ》きたいと思っただけだった。だけど、いつからかピアノより矢川さんの方に興味《きょうみ》がわいた。

わたしは不思議でたまらなかった。わたしの頭では理解不能《りかいふのう》だった。でもそこがおもしろい。二回あったがいまだによくわからない。不思議な人。おもしろい。わたしもこんな大人になりたい（後略）。」

まず、冒頭《ぼうとう》に「矢川さんは三人の被爆者《ひばくしゃ》の方々のようにお話がすごくうまいわけではなかった。」とあります。これでも最初のころよりはずいぶん話すのが上手になったなぁと、自分では思っていたので反省させられました。あまり調子にのらず、これからもっと練習しようと思います。

文章からは、自分の将来《しょうらい》への関心が高く、そのヒントをさがしている感じがよく伝わってきます。

わずか数時間だったにもかかわらず、わたしが被爆ピアノをとおして、いろんな人と出会いながら成長していることを、しっかりと見ぬかれてしまっていたのです。うれしいなぁと思う反面、子どもはちゃんと見ているなぁ、こわいなぁとも思います。そんなするどい目を持つ彼女《かのじょ》から、「こんな大人になりたい。」と書いてもらったことが少し照れくさくて、でも、うれしいです。

すてきな感想文を書いてくれた彼女たちも、これから多くの人と出会うなかで、自分が好きになれる何かを見つけてほしいと思います。

また、わたしの孫たちが成長して、被爆ピアノについての感想文を読み、光則《みつのり》おじいちゃんががんばっていたことを少しでもわかってくれれば……と思います。彼《かれ》らが大人になったときに、わたしははずかしくない人生の〝先輩《せんぱい》〟でいたいのです。

第4章　蓄音機《ちくおんき》が鳴る家

音楽好きな家

わが家には「蓄音機」というものがありました。

今、音楽をきくのに、ＣＤプレーヤーでＣＤを再生《さいせい》しますが、ＣＤの前は、その三倍くらいの大きさの「レコード」というものがありました。そのレコードをきくための機械が蓄音機。当時のＣＤプレーヤーみたいなもの、と思ってもらえばいいでしょう。

わたしの家は先祖代々《せんぞだいだい》の農家で、街中ではなく、かなり山側にあります。そんなところで、一九六〇年前後に蓄音機をもっている家はめずらしかったのです。わたしは子どものころから、父がきいていた蓄音機で、学校でならうような唱歌や軍歌、あるいは当時のヒット歌謡曲《かようきょく》をよく耳にして育ちました。

父は時おりラッパや横笛もふいていました。父の話だと、祖父《そふ》は三味線《しゃみせん》、曾祖父《そうそふ》（祖父の父親）は尺八《しゃくはち》をふいていたといいます。農業をやりながら、趣味《しゅみ》で楽器をたのしんできた矢川家の血が、わたしにも流れています。

高校時代のわたしは、ブラスバンド部でアルトサックスをふいていました。当時の若者《わかもの》に大人気だったグループサウンズも好きで、家にもどると、エレキギターも練習していました。エレキギターをカッコよく弾《ひ》く人が、女の子たちにモテモテだったからです。ニキビ面《づら》だったわたしも一生懸命《いっしょうけんめい》練習しましたが、残念ながら、女の子から注目されることはありませんでした。

それはともかく、中学、高校時代に「音感がいい。」とわたしが先生からほめられたのは、蓄《ちく》音機《おんき》がある音楽好きな家に生まれたせいでしょう。ピアノの調律師《ちょうりつし》になると父にいうと大反対されましたが、わたしが今の仕事とめぐり合えたのは、やはり父のおかげなのです。

「原爆《げんばく》」に興味《きょうみ》がもてなかった理由

長い間、わたしは原爆に興味がもてなかったと前に書きました。

それにはいくつかの理由がありますが、父の存在《そんざい》もそのひとつです。わたしがまだ小学校低学年だったころ、父はわたしに自分の被爆体験《ひばくたいけん》を何度か話してくれました。それがわたしにとっていやな思い出なのは、父が家でお酒を飲んでいるときに、よくその話をしたせいです。酔《よ》っぱらっている父がふだんと様子がちがうことは、子どもでもわかります。お酒くさい父のにおいがとてもいやでした。見たこともない原爆の話もよくわかりませんでした。

「ああ、またはじまったか……。」

原爆の話がはじまると、わたしはいつも心の中で、そう思っていました。

でもこわい父でしたから、話をきかないわけにもいきません。そんなわたしに、父はいつも一方的に話しつづけるのです。そのくせ、わたしが少しでもつまらなそうな顔をすると、よく腹《はら》を立てていました。

勝手に話しだしては、勝手におこる父――それがわたしにとって原爆の話をするときの父のイメージでした。

わたしが生まれたのは、戦争が終わってから約七年後の一九五二（昭和二十七）年。小学校入学後の一九六〇年代は、日本が敗戦から立ち直り、経済成長《けいざいせいちょう》をはじめた時期でもあります。焼け野原だった広島の街にも新しいビルが建ちはじめ、大きな変化を年々見せていました。好奇心《こうきしん》の強い十代のわたしには、原爆という暗い昔話より、心おどるような目新しいことがたくさんあったのです。

そんなわたしは今、「ミサコのピアノ」との出会いをきっかけに、さまざまな被爆体験者《ひばくたいけんしゃ》の方々との出会いに心をふるわせています。このような活動をはじめることになるのなら、もっと父の話をしっかりききいておけばよかった……。そんな後悔《こうかい》と、父への後ろめたい気持ちを、わたしは持てあましています。

こわかった父

とにかくこわい父でした。子どものころから、数えられないほどほっぺたをたたかれました。それもあって小学校高学年から、父とはほとんど話さなくなりました。おこられる理由はわたしにもありました。週末に自転車で家を出たまま、友だちと遊びまわり、翌朝《よくあさ》に帰ってきたりしていたからです。さすがに高校に入ってからは大人あつかいしてくれたのか、もうたたかれなくなりました。

ところが、父をこわがっていたのは、わたしだけではありませんでした。

七十八歳《さい》で父が亡《な》くなったあと、父の兄弟のいちばん下の弟、つまり、わたしの叔父《おじ》からも、わかいころの父にはこわくて近づけなかったときかされました。父は長男で、その叔父《おじ》とは二十歳《さい》ほど年の差があります。父と結婚《けっこん》したばかりの母が、小学校に入学したばかりの、その叔父に勉強を教えていたといいます。

その叔父の話だと、祖父《そふ》は五十八歳のわかさで亡《な》くなりました。あとでくわしく書きますが、原爆《げんばく》が落ちた翌日《よくじつ》、ゆくえがわからなくなった娘《むすめ》をさがしに、広島市内を歩いてまわり放射線《ほうしゃせん》に被爆《ひばく》したせいかもしれません。

祖父が亡くなったとき、わたしの父はまだ三十一歳でした。

一家の大黒柱である祖父を失った以上、その代わりは、長男である父がつとめなければなりません。先祖代々つづいた農家の長男として、自分の家族だけでなく、自分の母とおおぜいの兄弟たちを守っていかなければいけません。そのプレッシャーは、三十一歳の父にとってはかなり大きかったはずです。

「当時の正行《まさゆき》兄さんには、ちょっと体がふれただけでもよくおこられた。」

叔父がそう話す父のすがたは、自分が大家族を守らなくてはいけないという、大黒柱としての強い責任感《せきにんかん》の裏返《うらがえ》しのようにわたしには思えます。

しかし、父自身も原爆のせいで仕事と健康の両方を失っていました。あの一九四五年八月六日。当時二十六歳《さい》の父にとって、それは心晴れやかな日になるはずでした……。

サビだらけの短剣《たんけん》

その日、広島市大手町《おおてまち》にある西消防署《にししょうぼうしょ》二階事務所《じむしょ》の階段踊り場《かいだんおどりば》で、父が仕事仲間の本田《ほんだ》さんと話しているときに原子爆弾《げんしばくだん》が落ちました。八月六日午前八時十五分のことです。

その日、父は早朝の午前五時に自転車にのり、いつもの職場《しょくば》ではなく、広島市の中心街にある西消防署に向かいました。消防士として昇進《しょうしん》（より上級の役職に上がること）辞令《じれい》をうけるためです。ふだんとはちがい、消防署の制服《せいふく》に身をつつみ、腰《こし》には短い剣をさしての外出でした。

当時の西消防署は、今の広島市役所と道路をはさんで斜向《はすむ》かいにあり、爆心地からの距離《きょり》はおよそ八百メートル。半径二キロ以内は焼け野原となるほどの破壊力《はかいりょく》を見せつけた原爆を、父はとてもまぢかな場所で体験することになりました。

原爆が落とされてから三十年後につくられた『原爆広島消防史《げんばくひろしましょうぼうし》』という記録文集に、わたしの父がよせた文章がのこっています。父の話をしっかりきくことがなかったわたしは大人になって、しかも父の死後にこの文章をとおして、その痛々《いたいた》しい被爆体験《ひばくたいけん》をはじめて知ることになりました。

原爆によって消防署《しょうぼうしょ》の建物はこなごなにこわされ、父は同僚《どうりょう》の本田さんとともに、たおれた建物の下じきになりました。その後、二十分ほど気を失っていたそうです。気がつくと、たおれてきた大きな木材で足をおさえられていて身動きがとれず、左肩《ひだりかた》もいたくて動かせませんでした（左肩は骨折《こっせつ》していました）。本田さんも同じように身動きがとれずにいました。

「本田くん、消防署が直撃《ちょくげき》をうけたぞ。」

「早く脱出《だっしゅつ》をしなければいけない、元気を出せよ。」

父たちはケガのいたみをがまんしながら、たがいにそうはげまし合っていました。すると、どこかで人の話し声がきこえました。父は動く右手で腰《こし》にさしていた短剣《たんけん》をなんとか引きぬくと、下じきになったまま、目の前をおおっている木材などにつきさして動かしました。短剣でかろうじて小さな穴《あな》をあけると、声をはり上げて助けをもとめたのです。その声に気づいた消防署の仲間に引っぱり出してもらったとき、父は全身血まみれだったそうです。

まだ下じきになっている本田さんが、

「おれも助けてくれぇー。」

と大声でさけびました。

「よし、すぐに助けてやるぞ！」

父はそう返事をしたものの、ケガをしているせいで体を思うように動かせません。約十名の消防署員《しょうぼうしょいん》たちの多くもケガをしていて、本田さんを助け出す作業はなかなか進みませんでした。そうこうしているうちに、くずれた消防署のまわりに火事がせまってきます。熱風がふきつけ、父も呼吸《こきゅう》が苦しくなってきました。そこで消防署の南側にあった消火栓《しょうかせん》（火事を消すためにつかう水道の蛇口《じゃぐち》）を出しっぱなしにして、父たちはおたがいに水をかけ合いながら熱風に耐《た》え、仲間たちを助けようとしたのです。

しかし、状況《じょうきょう》はさらに悪くなりました。風向きが急に変わり、まわりの火事のいきおいがまし、父たちまでが火の海にまきこまれそうになったのです。目の前の広島市役所は、多くの窓《まど》から火がふき出し、空は真っ黒いけむりで何も見えなくなっていました。

父たちは一列にならんで、建物の下じきになっている仲間たちに両手を合わせて「すまない。」と、心の中であやまりました。それでも本田さんをはじめ、下じきになった消防署員たちのさけび声はきこえてきたといいます。

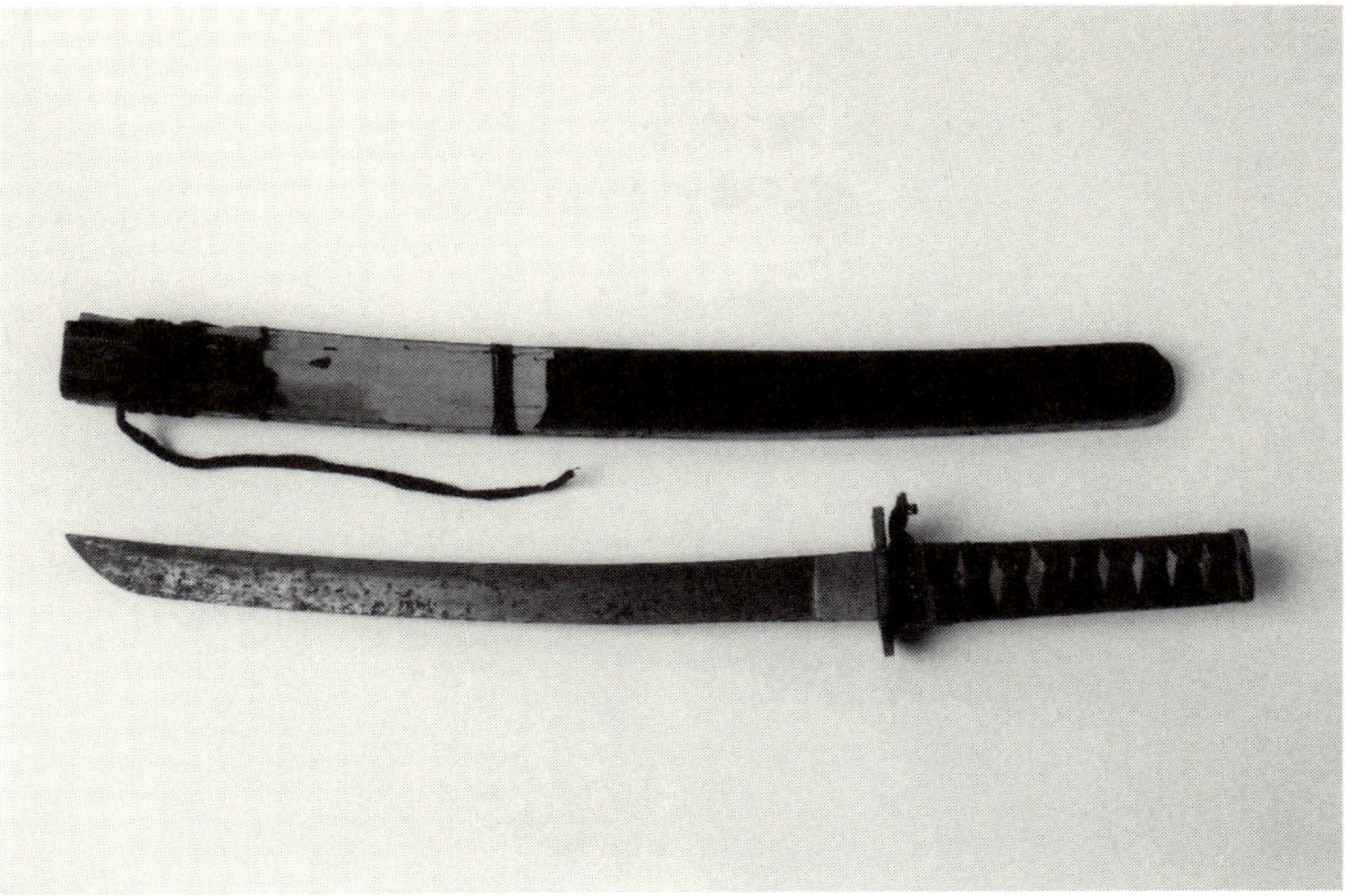

原爆《げんばく》投下時、矢川さんのお父さんの命を救ってくれた、長さ30cm弱の短剣《たんけん》。

「どこへも行くな。全員ここで戦死するのだぁ！」

血まみれの消防署長《しょうぼうしょちょう》が、そこにいた署員全員を、そうはげましました。

短剣《たんけん》以外の武器《ぶき》はもっていなくても、アメリカとの戦争中、相手国の攻撃《こうげき》で死ぬのならそれは「戦死」であり、男の死に方としてはいさぎよい。ここから一歩もにげてはならない。そういう考え方が、今から六十五年前の戦争中では「当たり前」でした。

今の平和な日本でくらしている人たちには、わかりづらいかもしれません。

しかし、当時は兵隊もふつうの市民も、死ぬことをこわがっていては敵国《てきこく》と戦争などできなかったのです。

そのとき父がまわりを見まわすと、地獄《じごく》のような光景がひろがっていました。

全身が焼けただれ、皮膚《ひふ》がだらりとたれ下がっている人、真っ黒に焼けた体で道にたおれている人、「水を、水を……。」と泣きさけぶ人、われをわすれて家族の名前をただただささけびつづける人、大声で泣きながら母親をさがしもとめる子ども、火事からにげようと大火傷《おおやけど》の体で川に飛びこむ人……。それが子どもなのか年寄《としよ》りなのか、男なのか女なのかさえ、よくわからなかった
――父はそう書いています。

父の命を救った短剣は、今もわが家にあります。

長さ三十センチ弱の短剣《たんけん》は、もうすっかり赤茶色にサビついています。でも、その短剣がなかったら、父は建物の下じきになったまま、助け出されなかったかもしれません。わたしも生まれていませんでした。

サビだらけの短剣は、世界ではじめて落とされた原爆《げんばく》と、あの大惨事《だいさんじ》のなかでも必死に生きぬき、わたしの命へとつないでくれた父の大切な形見（死んだ人がのこした品物）なのです。

真っ黒な川

消防署《しょうぼうしょ》のまわりの火が燃《も》えつきたのは、その日の午後四時ごろ、原爆が落とされてから約八時間後でした。

全身血まみれの父はふと、ただひとりの妹の千代美《ちよみ》（わたしの叔母《おば》）が、結婚《けっこん》して市内に住んでいたのを思い出しました。心配になって向かってみると、そこもやはり一面の焼け野原になっていました。

妹をさがすのをあきらめた父は、今度はいつも通っている職場《しょくば》である三篠出張所《みささしゅっちょうじょ》へ向かいました。その道すがら、民家や山などが火事になっていて、近所の人たちが必死で消火にあたっていました。途中《とちゅう》、三歳《さい》ぐらいの子どもが両手をにぎりしめたまま、まるで黒こげのエビのようなすがたで死んでいました。戦争が終わってからも、父の頭に長い間こびりついてはなれなかった光景のひとつです。

道を進むにつれて負傷者《ふしょうしゃ》はさらにふえ、老人や女性《じょせい》、あるいは子どもの痛々《いたいた》しい死体が次々と目に飛びこんできました。

三篠出張所《しゅっちょうじょ》にたどりついたのは、午後八時ごろ。建物は焼けおち、署員《しょいん》はだれも見当たらず、自動車も焼けこげていました。しかたなく自宅《じたく》に帰ろうと思ったのですが、火事でまわりの風景がすっかり変わってしまい、方向がよくわかりません。父は血まみれのまま川づたいに歩いて、山側にある自宅をめざしました。

すると、服はずたずたにやぶけ、皮膚《ひふ》はボロ布《ぬの》のように体からたれ下がった人たちが、父のように山側へと歩いていました。その理由はよくわかりませんが、中心街をねらった爆弾《ばくだん》がまた落とされるのをおそれて、市外へと向かっていたのかもしれません。父がふと足元の川を見ると、いつものすみきった水ではなく、今まで見たこともないほど真っ黒です。やっとの思いで自宅にたどりついたのは午前零時《れいじ》ごろでした。

どくだみ草の思い出

　血まみれで自宅《じたく》にたどりついた父は、翌日《よくじつ》から約一か月間寝《ね》たきりでした。骨折《こっせつ》した左肩《ひだりかた》だけでなく、全身がいたくて起きあがれなかったのです。燃《も》えた消防署《しょうぼうしょ》のことや、二十三歳《さい》のかわいい妹のことが心配でしかたがないのに、自分の体が思うように動かせず、何もできない。それは父にとっても、心が引きさかれてしまいそうなくやしさだったはずです。

　広島の三日後、アメリカは長崎にも原爆《げんばく》を落とし、死亡者《しぼうしゃ》と重軽傷者《じゅうけいしょうしゃ》あわせて約十五万人の被害者《ひがいしゃ》が出ました。その六日後の八月十五日、日本はアメリカ側に降伏《こうふく》し、戦争はようやく終わりました。

　終戦後、父は原因《げんいん》がわからない高い熱に苦しめられました。心配した祖母《そぼ》（わたしの父の母親）は、どくだみ草の葉をお茶のようにせんじて、父に毎日大量に飲ませつづけました。どくだみ草をかわかしてつくるお茶は、体の毒素《どくそ》を出したり、血の流れをよくします。ただし、原爆の放射線《ほうしゃせん》などに効《き》き目《め》があるかどうかはわかりません。それでも、祖母はわが子をなんとしても助けようと必死だったのでしょう。

　約三週間後に父は突然《とつぜん》、黄色い液《えき》をはきだしました。

祖母《そぼ》の話だと、そのときお腹《なか》の中にいたのだろう奇妙《きみょう》な虫もいっしょにはいてから、父は元気になりはじめたといいます。九月十一日には、ふたたび職場《しょくば》である三篠出張所《しゅっちょうじょ》で働くことができるまでになりました。

どくだみ草は半日陰《はんひかげ》に生え、五月から七月に小さな白い花をさかせます。それを見つけると、わたしは奇跡的《きせきてき》に元気になった父のことを思い出します。

母の短歌

二〇〇九（平成二十一）年十一月に亡《な》くなった母は、わたしが被爆《ひばく》ピアノの演奏会《えんそうかい》をがんばりはじめたことを、とても喜んでくれました。

「お父さんが生きていれば、被爆ピアノの演奏会のことを、どんなに喜んだろうかねぇ。やっぱり、光則は、お父さんから何かをうけついでいるんだろうねぇ。」

母は、そう話していました。

わたしがミサコさんと被爆ピアノのことで、電話で何度もやりとりしたときも、母はそばできいていました。

お母さんに抱《だ》かれた、当時２歳《さい》の矢川さん。

母も、父と知り合う以前、広島へ原爆《げんばく》が落とされた日に、市の中心街からはなれた山間部で友だちとあそんでいて、放射性物質《ほうしゃせいぶっしつ》がまじった「黒い雨」をあびています。母の場合は幸い、白血病やガンなどの病気になりませんでしたが、この「黒い雨」をあびたせいで、それらの病気にくるしんだ人も多かったのです。

ふり返れば、わたしが調律師《ちょうりつし》になりたいといいだしたとき、父は大反対でした。自分が消防《しょうぼう》署《しょ》をやめて苦労したせいか、できればわたしには、農協か町役場などで働いてほしかったようです。その父のとなりで母は、

「自分がやりたいことがあるなら、やってみればいい。」

とわたしを応援《おうえん》してくれました。

わたしが静岡県浜松市にある調律師の専門学校《せんもんがっこう》に通うために家を出た日、広島駅までひとり見送りに来てくれた母の涙《なみだ》は、今もわすれられません。

彼女《かのじょ》の趣味《しゅみ》は短歌づくり。仲のいい人たちとグループをつくり、自分たちで歌集までつくっていることは、わたしも知っていました。ところが、その中には「夫」や「被爆《ひばく》ピアノ」をよみこんだ歌がいくつもあると知ったのは、残念ながら母が亡《な》くなってからのことです。

その中からいくつかご紹介《しょうかい》します。

がれきの中引き出されまた消防署《しょうぼうしょ》にありたるゆえの命と夫言う
被爆《ひばく》ピアノ熱風浴びてその姿《すがた》ガラスのきずあとああさぞやさぞや
広島と長崎の日の被爆ピアノ子がかけしその平和の旋律《せんりつ》

もっと早く知っていれば、短歌を話題に、母とあれこれ語り合う時間をすごせたのかもしれません。そう考えると、なんともはがゆい気持ちになります。その反面、息子《むすこ》にはそういうことをいっさいいわなかったところもまた、母らしいなぁと思うのです。

千代美おばさんのこと

もうひとり、わすれてはいけない人がいます。

原爆が落ちた日、わたしの父が心配していた叔母《おば》の千代美のことです。矢川家の兄弟のなかで、ただひとりの女の子。色白のふっくらしたほおをした、かわいらしい顔立ちが写真にのこっています。

八月六日の真夜中に、わたしの父がもどってきて安心した祖父母《そふぼ》は、翌日《よくじつ》、千代美をさがしに二人で広島市内に出かけていきました。その後の研究で、原爆《げんばく》の爆発で発生した放射線《ほうしゃせん》が、その後二週間ほど爆心地の周辺にのこっていたことが明らかになっています。専門的《せんもんてき》には「残留放《ざんりゅうほう》射線《しゃせん》」とよばれていますが、当時はだれもそんなことを知りませんでした。放射線は目には見えず、においもしないからです。

祖父母は、そのときに市内で大量の放射線をあびて被爆《ひばく》してしまいます。それは「入市《にゅうし》被爆（原爆投下の日から二週間以内に、爆心地から二キロ以内の地域《ちいき》に入って被爆したこと）」ともよばれ、二人は被爆者健康手帳（原爆の被害者であることをしめす証明書《しょうめいしょ》）をもつことになりました。祖父の實吾《じつご》はその影響《えいきょう》か、五年後の一九五〇（昭和二十五）年に五十八歳《さい》のわかさで亡《な》くなっています。

被爆者健康手帳は、わたしの父のように原爆投下時に広島市内にいて直接《ちょくせつ》被爆した人か、母親のお腹《なか》の中にいた人、祖父母のように入市被爆した人、わたしの母のように原爆投下後の黒い雨をあびた人か、直接被爆ではなくても、その後の救援《きゅうえん》や治療《ちりょう》、看護《かんご》で放射線被爆した人が、発行を申しこむことができる手帳です。

原爆のこわさは、落ちた瞬間《しゅんかん》に多くの人を殺したり、傷《きず》つけたりするだけではありません。

目には見えない放射線《ほうしゃせん》によって、その後、ゆくえがわからない家族をさがしまわったり、傷《きず》ついた人を助けたり、亡《な》くなった人をとむらったりした人たちの健康にも、大きな被害《ひがい》をおよぼすのです。

結婚後《けっこんご》、市内の会社につとめていた千代美は、出勤途中《しゅっきんとちゅう》で被爆《ひばく》していました。そのとき落ちてきた屋根の瓦《かわら》が頭に当たり、大ケガをしました。自力で避難《ひなん》する途中、日本軍のトラックに乗せられて小学校の避難所まで運ばれましたが、大混乱《だいこんらん》の中、だれに手当てをされることもなく、翌朝《よくあさ》ひっそりと亡くなっていたといいます。

後日、千代美の夫が、彼女《かのじょ》の遺骨《いこつ》をもってわが家にきました。遺骨の入った箱を白い布《ぬの》につつみ、首から下げていました。千代美の遺骨を、矢川家の墓《はか》に入れてやってほしいということでした。

信じられないと思いますが、昔の女性《じょせい》は結婚しても、子どもをうむまでは相手の家の戸籍《こせき》に入れてもらえず、嫁《よめ》ともみとめられないことがありました。

祖母《そぼ》は、そのとき遺骨をもってきた千代美の夫の靴《くつ》が、左右ちがっていたことをよく覚えていました。それほど混乱《こんらん》した気持ちのまま、あわててやってきたのでしょう。まだ二十三歳《さい》のかわいいおくさんを突然《とつぜん》失った彼《かれ》を、うらむことはできません。

「嫁《よめ》に出さなければよかった。」

祖母《そぼ》は、その後も時々思い出したようにいっていました。結婚《けっこん》せずに実家にいれば、少なくとも、あの原爆《げんばく》で命を落とすことはなかったからです。

国立広島原爆死没者追悼平和祈念館《こくりつひろしまげんばくしぼつしゃついとうへいわきねんかん》という建物が、平和記念公園内にあります。有名な原爆ドームと広島平和記念資料館《しりょうかん》の中間ぐらいの場所です。そこには原爆死没者の名前と写真などが保存《ほぞん》されていて、だれでも見ることができます。原爆死没者とは、原爆が落とされた一九四五年に亡《な》くなった人たちと、被爆者《ひばくしゃ》健康手帳をもっていて、その後亡くなった人たちのことです。

祈念館は、約二十六万人といわれる原爆死没者の方々の死を心から悲しむとともに、そのいまわしい原爆がまねいた悲劇《ひげき》を語りつぎ、その歴史に学んで核兵器《かくへいき》（原子爆弾《ばくだん》だけでなく、水素《すいそ》爆弾や中性子《ちゅうせいし》爆弾などをふくめた兵器の総称《そうしょう》）のない、平和な世界をきずくことを目的にした建物です。二〇〇二（平成十四）年八月につくられました。

今、矢川家の五人の名前と写真も、ここに保存されています。

矢川實吾（祖父）・アヤ子《こ》（祖母）・正行（父）・ミチ子（母）・千代美（叔母《おば》）。千代美をのぞいた四人が被爆者健康手帳をもっていました。

ちなみに母が長い間入っていた病院は、広島市役所のすぐ近くで、父が被爆した西消防署跡《しょうぼうしょあと》

祖父《そふ》の矢川實吾さん

祖母のアヤ子さん

父の正行さん

母のミチ子さん

叔母《おば》の千代美さん

国立《こくりつ》広島《ひろしま》原爆《げんばく》死没者《しぼつしゃ》追悼《ついとう》平和《へいわ》祈念館《きねんかん》におさめられている、矢川さんの家族の写真。

地《ち》とは道路をはさんで目と鼻の先でした。また、母が亡《な》くなった十三日は、月こそちがいますが、わたしの誕生日《たんじょうび》である五月十三日と同じ。そのうえ、わたしが「ミサコのピアノ」を引きとった日も七月十三日と、不思議なことに「十三日」でつながっています。

言葉にならない気持ち

ふたたび、わたしの父の話にもどします。終戦から約一か月後には、働きはじめた父でしたが、やはり体調がすぐれず、それから約三年後には消防署《しょうぼうしょ》をやめてしまいました。その後は、自宅《じたく》の田畑の世話をしばらくしてから、畳《たたみ》をつくる職人《しょくにん》に弟子《でし》入りします。わたしや弟を育てるのにはお金が必要だったせいでしょう。しかし、わたしが高校を卒業すると、その仕事もやめてしまいました。

わたしが高校生だったころ、

「おまえが畳屋をつぐ気があるのなら独立《どくりつ》するが、どうする?」

と、父からきかれたことがあります。

当時、音楽に夢中《むちゅう》だったわたしは、畳職人になるつもりはありませんでした。わたしがことわったので、父もつづける理由がなくなったようです。その後は会社の警備《けいび》の仕事をしていましたが、年をとってからは体調をくずし、病院通いをするようになりました。

『原爆広島消防史《げんばくひろしましょうぼうし》』に書いた文章の最後を、父はこうしめくくっています。

「……市内に投下されたただ一発の原爆により、数多い同僚《どうりょう》の殉職者《じゅんしょくしゃ》（仕事のために死んだ人）があったにもかかわらず、生存者《せいぞんしゃ》（生きのこった人）としてこの世に生《い》き永《なが》らえているわたしは幸せ者であると、感謝《かんしゃ》の念に堪《た》えません（感謝しきれません）。

三十年を回顧《かいこ》して（ふり返って）当時の状況《じょうきょう》を拙《つた》ない（下手な）一文にまとめてみましたが、現在《げんざい》のわたしの気持ちとしては、上司、同僚のはかなくも散っていかれた尊《とうと》い犠牲者《ぎせいしゃ》に対し哀悼《あいとう》の意を表するとともに、ご冥福《めいふく》（亡《な》くなったあとの幸福）をお祈《いの》りいたします。」（カッコ内の説明は筆者）

父の文章をあらためて読みかえすとき、わたしは複雑《ふくざつ》な気持ちにさせられます。

この文章どおり、建物の下じきになったまま亡くなられた仕事仲間や、多くの犠牲者にくらべれば、たしかに生きのこった父は「幸せ者」だったとは思います。

しかし、わたしはこの文章の裏側《うらがわ》にある、父のもうひとつの気持ちを想像《そうぞう》せずにはいられません。祖父《そふ》を早くに亡《な》くし、長男として家族を守っていかなければいけない責任《せきにん》をせおいながら、父自身も原爆《げんばく》によって、安定した仕事と健康を同時に失わざるをえませんでした。長男として兄弟の面倒《めんどう》を見る前に、わたしたち家族をやしなうだけでもたいへんだったはずです。

また、母とのお見合い写真にうつっている、消防署《しょうぼうしょ》の制服姿《せいふくすがた》のさっそうとした父を見ると、消防士という仕事が大好きで、とても誇《ほこ》りをもっていたことがわかります。そんな仕事を、父は体力がついていかずにやめざるをえませんでした。

もし、今のわたしが調律師《ちょうりつし》の仕事や、被爆《ひばく》ピアノの活動ができなくなったらと考えると、お酒を飲んだときにしか、わたしに原爆の話をできなかった父のくやしさが、息子《むすこ》であるわたしの心にもしみてくるようです。

父も、ただ一発の原爆で人生の歯車をくるわされたひとりでした。

第5章　わたしを変えてくれた大人たち

重たい口を開かせる力

被爆《ひばく》ピアノの演奏会《えんそうかい》では、休憩《きゅうけい》時間に、お客さんにピアノとふれ合ってもらうようにしています。大人や子どもにステージに上がってもらい、ピアノに自由にふれてもらうのです。おそるおそるピアノにさわる人、鍵盤《けんばん》をたたいてみる人、ピアノの横や裏側《うらがわ》のガラス傷《きず》をしげしげと見る人など、お客さんの反応《はんのう》はさまざまです。

そのなかにはわたしに近づいてきて、

「わたしも、じつは出張先《しゅっちょうさき》の長崎で被爆したんですよ。」

「ゆくえがわからない家族をさがしに行って、広島で入市《にゅうし》被爆しました。」

と耳元でささやいてくる人が、たいてい一、二人はいます。

あせがしたたり落ちるような夏の暑い日にもかかわらず、長そでシャツすがたで、ステージに上がってこられる人がいました。その人は、腕《うで》に原爆《げんばく》の熱線による火傷《やけど》をおわれていたのです。自分が被爆《ひばく》していなくても、広島か長崎の原爆で家族や仕事を失った人たちもいました。

「戦後、自分なりに一生懸命《いっしょうけんめい》に生きてきましたが、こんなに傷《きず》だらけでもりっぱにがんばっているピアノを見て、わたしももっとがんばろう、と元気をもらいました。」

「原爆で傷ついたピアノをよみがえらせてくれて、本当にご苦労さまです。ありがとうございます。」

そんな言葉とともに、わたしに頭を下げる方もいて、おどろかされると同時に、とてもはげまされます。

古ぼけた傷まみれのピアノにそれぞれの人生をかさね見て、心をゆさぶられるのでしょう。とおい記憶《きおく》の底にねむっていたことを、あれこれ思い出すのかもしれません。だれにとっても、原爆のことは心のおくにささったトゲのようなもので、できるならわすれたままでいたいことだからです。

しかし、被爆ピアノをじかに見て、その音色をきいた感動が、みなさんの重たい口を開かせるのでしょう。

「ぼくは今まで一度も、このことを人前で話したことがありません。いいたくもなかった。でも、矢川さんが被爆《ひばく》ピアノのことを、全国でこうして一生懸命《いっしょうけんめい》伝えていらっしゃるので、今日は話そうと思ってきました。」

富山県氷見市《とやまけんひみし》の廃校《はいこう》になった小学校の会場で、ピアノにさわりながら、こう切り出した男性《だんせい》がいました。彼《かれ》は出張先《しゅっちょうさき》の広島で被爆してからの六十数年間の人生について、用意していたメモをときどき見ながら、とつとつと話されました。被爆ピアノの演奏会《えんそうかい》が、男性にとってひとつのきっかけになったのです。勇気をふりしぼって話す彼のすがたを見ていて、わたしもおもわず目《め》頭《がしら》が熱くなりました。

「まさに平和の使者だ。」

沖縄に被爆ピアノとともに出かけたのは、二〇〇七（平成十九）年一月。広島や長崎と同じように、沖縄も先の戦争で多くの犠牲者《ぎせいしゃ》を出しました。
沖縄戦——戦争末期の一九四五年、沖縄島を中心にアメリカ軍と日本軍との間でおこなわれた戦争のことです。日本の歴史上一度だけ、国内で外国の軍隊との間でおこなわれた地上戦でした。このときの五か月におよぶ戦いで、日本側の戦没者《せんぼつしゃ》は二十数万人にのぼりました。そのうち戦闘員《せんとういん》ではない、一般住民《いっぱんじゅうみん》の戦没者が約十万人といわれています。

〈内閣府沖縄振興局《ないかくふおきなわしんこうきょく》による「沖縄戦関係資料閲覧室《おきなわせんかんけいしりょうえつらんしつ》」HPの〈沖縄戦の概要《がいよう》〉を参考にしました。

http://www.okinawa-sen.go.jp〉

わたしは、あらかじめ沖縄戦についての本を数冊《すうさつ》読んでから、沖縄に行くことにしました。もちろん、その程度《ていど》では足りないでしょう。それでも愛知万博《ばんぱく》での「放射線《ほうしゃせん》さわぎ」で、「よく知らないことのこわさ」を知っていたこともあり、何かせずにはいられなかったのです。

沖縄での演奏会《えんそうかい》は、小学校から老人ホームまで合計十二か所で予定されていました。ある老人ホームに出かけたときのことです。被爆《ひばく》ピアノを見ただけで、ある男性《だんせい》がポロポロと涙《なみだ》をこぼしたのを見て、わたしはハッとさせられました。あとで話をきくと、そのホームでくらす人の多くは、沖縄戦の経験者《けいけんしゃ》でした。その男性は自分と同じいたみを知っているピアノだと直感し、ひと目見ただけで涙がこみあげてきたといいます。

被爆ピアノの演奏をききおえると、

「このピアノはまさしく平和の使者だ。」

といわれたので、わたしは救われた気持ちになりました。

じつは、沖縄で被爆《ひばく》ピアノの演奏会《えんそうかい》をひらくにあたって、ひとつの不安がありました。沖縄は国内でただひとつの地上戦の場所であり、多くの兵士や一般《いっぱん》の人たちが亡《な》くなっています。日本軍の命令で、一般住民が集団自決《しゅうだんじけつ》（アメリカ軍に殺される前に集団でみずから命を断《た》つこと）に追いこまれた事実もあります。そのような場所で、わたしがどれだけ広島の原爆について話していいのか、よくわからなかったのです。

ですから、ある小学校での、校長先生のこんな言葉には感動しました。

「沖縄戦も原爆も同じだから、いっしょに平和について考えましょう。」

校長先生は生徒全員に向かってそういわれたのです。

戦争の被害者という点では、広島や長崎の原爆の犠牲者《ぎせいしゃ》も、沖縄戦の犠牲者も同じ。そんな意味でいわれたのだと、わたしはうけとめました。

わたしが広島から、わざわざピアノをもってきていることへの、校長先生の思いやりもあったのでしょうが、その優《やさ》しい気づかいはわたしの心のおくにまでしみわたるようでした。校長先生は、わたしのひそかな不安までちゃんと感じとられていたのかもしれません。

「優」という字は、人をあらわす「にんべん」に「憂い《うれ》（かなしみ）」をあらわす「憂」の字がよりそっています。憂いをかかえながらも、その憂いに負けない人が、きっと人にも「優しく」

できるのです。

ひめゆり学徒隊だった人のお孫さん

「音楽の教師《きょうし》をやっていながら、平和についてどう伝えていけばいいのか、ずっと答えが出なくて、心の中でもんもんとしていたんですよ。」

沖縄戦で「ひめゆり学徒隊」に参加した人の孫であるMさんは、わたしにそういいました。Mさんは、音楽教室で子どもたちにピアノを教えていました。彼女《かのじょ》は、音楽にたずさわる人間として、自分にどんなことができるのかがわからずに悩《なや》んでいるようでした。

場所は沖縄・読谷村《よみたんそん》、「象のオリ」ともよばれた楚辺通信施設《そべつうしんしせつ》の前でした。二〇〇七（平成十九）年六月にとりこわされたアメリカ軍施設で、直径約二百メートル、高さ約二十八メートルの鳥かご形のアンテナです。被爆《ひばく》ピアノの演奏会《えんそうかい》は、その施設の前でもおこなわれました。

ひめゆり学徒隊とは、沖縄陸軍病院に動員された女子学生らの看護要員《かんごよういん》グループの名前です。戦争でアメリカ軍の沖縄上陸が目前となった一九四五年三月、沖縄のふたつの女学校の生徒と教師《きょうし》ら合計二百四十名によってつくられました。実際《じっさい》には丘《おか》の斜面《しゃめん》にほられた四十ほどの横穴《よこあな》に、そまつな二段《だん》ベッドがおかれただけの、名ばかりの病院でした。しかも、そこはたえまなく砲弾《ほうだん》が飛びかう戦場でもありました。彼女《かのじょ》たちは、そこで傷《きず》ついた兵士たちの看護《かんご》にあたったのです。

当時、沖縄には二十一の男女中等学校がありましたが、それらすべての生徒たちが戦争に参加させられました。女子生徒（十五歳《さい》から十九歳）は看護活動、男子生徒（十四歳から十九歳）は物資《ぶっし》の輸送《ゆそう》や電線の修復《しゅうふく》などをおこない、そのうち二千名あまりが戦場で亡《な》くなりました。

沖縄戦での日本軍の不利が明らかになった六月十八日、軍から、ひめゆり学徒隊に突然解散命《とつぜんかいさんめい》令《れい》が出され、砲弾が飛びかう中で、みんながちりぢりににげまどうことになりました。アメリカ軍につかまるのをおそれて手榴弾《しゅりゅうだん》で自決したり、ガス弾攻撃《こうげき》などで殺されたりして百三十六名が亡くなりました。このときの生存者《せいぞんしゃ》は百四名といわれています。戦後、無念の死をとげた彼女たちの霊《れい》をとむらうために、その家族によって「ひめゆりの塔《とう》」が建てられました。

（「ひめゆり平和祈念資料館《へいわきねんしりょうかん》」ＨＰの「ひめゆりを学ぶ」〈http://www.himeyuri.or.jp/〉を参考にしました。）

ひめゆり学徒隊だった人の孫であるMさんの話にもどします。

彼女《かのじょ》は心の葛藤《かっとう》を、そのまま被爆《ひばく》ピアノにぶつけるかのような演奏《えんそう》をおえると、「スッとしました。」と話してくれました。その表情《ひょうじょう》もとてもすっきりしていたのです。そのとき、アメリカ軍のジェット戦闘機《せんとうき》が、わたしと彼女の頭の上を、大きな音をたてて横切っていきました。

同じ音楽にたずさわる仕事をするものとして、わたしは彼女の気持ちがとてもよくわかります。「平和」という言葉は、どこか、つかみどころがありません。Mさんのように自分には何ができるのかと考えはじめると、下手をすると、堂々めぐりになってしまいかねません。自分のできる範囲《はんい》で、何かをこつこつとつみ重ねていくしかないのです。わたしの場合は被爆ピアノの演奏会です。

被爆ピアノを思いきり弾《ひ》いたことで、おそらくMさんは理屈《りくつ》ではなく、そのことを体で感じることができたのではないでしょうか。

胎内《たいない》被爆ピアニスト

香川県《かがわけん》に住むジャズピアニストの好井一條《よしいいちじょう》さん（六十五歳《さい》）は、まだ母親のお腹《なか》の中にいる赤ちゃんのときに被爆《ひばく》しました。「胎内被爆《たいないひばく》」とよばれています。

戦争中、彼《かれ》の父親は広島市の国鉄（現在《げんざい》のＪＲ西日本）につとめていて、家族は職員住宅《しょくいんじゅうたく》に住んでいました。八月六日の午前八時すぎ、彼の母親はかけ布団《ぶとん》をほそうとしていたところ、布団にまきつけられて飛ばされました。しかし運よく、母親も、お腹《なか》にいた好井さんもたすかったのです。爆心地から約二キロ強という近さで、彼女《かのじょ》は爆心地のほうに体を向けていました。

好井さんの場合、幸運にも、胎内被爆したことで健康を失うことはなかったようです。ところが母親が亡《な》くなると、彼は気持ちがひどく落ちこみ、自宅に引きこもってしまいました。

二〇〇八（平成二十）年の三月、わたしが彼の住む香川県坂出市《さかいでし》に、被爆ピアノの演奏会《えんそうかい》に出かけたときも、彼はまだ外出しない生活をつづけていたといいます。

ところが演奏会当日、好井さんは知り合いにたのまれて最初はいやいや、被爆ピアノを弾《ひ》くことになりました。ところが、演奏を終えた直後、彼は高ぶる気持ちをおさえられないといった表情《ひょうじょう》で、わたしに早口で話しかけてきたのです。

「ものすごい衝撃《しょうげき》をうけました。いままで約二千三百台のピアノを弾いてきましたが、こんなに感動したことはありません。自分は、このピアノを弾くために生まれてきたんだ、そう直感しました。」

その日をさかいに、好井さんは引きこもるのをやめました。

そして市民団体《しみんだんたい》「被爆《ひばく》ピアノをかこむ会」を立ち上げ、香川をふくむ四国地方で、被爆ピアノの演奏会《えんそうかい》を数多く企画《きかく》するようになりました。わたしが毎年八月六日に広島でつづけている「アオギリ平和コンサート」でも、去年はじめて演奏してくれました。

被爆ピアノとの出会いをきっかけに、好井さんは元気を、いや自分の人生そのものを取りもどしたのです。

長崎の被爆ピアノ

長崎原爆資料館《げんばくしりょうかん》には、被爆資料として一台の被爆ピアノがありますが、そのピアノを寄贈《きそう》した方の息子さん、Mさんに、六年前に長崎でお会いしたことがあります。これも被爆ピアノが生んだ、ひとつのご縁《えん》です。

そのとき、わたしはMさんから、ピアノを寄贈したものの、展示室《てんじしつ》にさえ一度もおかれず、資料館の倉庫にずっと保管《ほかん》されつづけているときかされました。元の持ち主の家族であるMさんでさえ、見られないそうです。

われたガラスの破片《はへん》がつきささるなどして、傷《きず》ついた被爆《ひばく》ピアノをとおして、原爆のこわさや、平和の大切さを感じ考えてもらいたい。そんな思いで資料館《しりょうかん》に寄贈《きそう》したのに、一般《いっぱん》の人には一度も見てもらう機会がないのです。被爆ピアノの演奏会《えんそうかい》をつづけている人間として、Mさんが残念がる気持ちはよくわかります。

じつは広島平和記念資料館にある二台の被爆ピアノも、一般向けに展示《てんじ》されたことはまだありません。いずれの資料館も、歴史上の貴重《きちょう》な資料として、被爆ピアノを安全に保存《ほぞん》しなければいけないからです。

一九四五年八月九日午前十一時二分、長崎に原爆が落とされたとき、Mさんはまだ一歳《さい》でした。お父さんは軍の仕事に出かけていて、Mさんはお母さんや兄弟といっしょに家にいたといいます。家は爆心地からは二・八キロはなれていました。原爆の爆風で灰《はい》がふったように一面真っ白ななか、お母さんは子どもたちをつれて、必死で避難場所《ひなんばしょ》にいそぎました。ようやくたどり着いてから、末っ子のMさんがいないことに気づきました。あわてて引きかえし、赤んぼうのMさんをつれもどしたものの、その後のお母さんは苦労の連続でした。

Mさんが、生まれたばかりで放射線《ほうしゃせん》をあびた後遺症《こういしょう》で、小学校低学年のころは何度も発熱や、中毒症状《ちゅうどくしょうじょう》に苦しんだからです。お母さんはそのたびに必死で看病《かんびょう》にあけくれました。ようやく小学校高学年になってから、Mさんは健康を取りもどしたといいます。

長崎原爆《げんばく》は死者七万三千八百八十四人、重軽傷者《じゅうけいしょうしゃ》七万四千九百九人で、合計十四万八千七百九十三人の被害者《ひがいしゃ》を出したといわれています。

（「長崎市HP　平和・原爆総合《げんばくそうごう》ページ」〈原爆の威力《いりょく》・原爆災害報告《げんばくさいがいほうこく》〉から、長崎市原爆資料保存委員会《ながさきしげんばくしりょうほぞんいいんかい》の一九五〇（昭和二十五）年七月報告を参考にしました。http://www1.city.nagasaki.nagasaki.jp/）

そんなMさんの家で、原爆が落とされる前から、家族の一員のようにみんなに愛されていたのがアップライトピアノでした。姉や妹もピアノ好きで、Mさんも小学校に入ると、ピアノ教室に通わされました。Mさんをはじめ、すべての子どもが結婚《けっこん》して家をはなれたとき、Mさんのお母さんは、

「被爆されて亡《な》くなられた方々のためにも、平和の大切さをわすれてはならないし、これからも伝えつづけるのがわたしたちの役目だ。」

と考えて、長崎原爆資料館にピアノを寄贈《きそう》することを決めたのです。

Mさんと知り合えたことで、わたしは被爆ピアノの演奏会《えんそうかい》の大切さを、あらためて考えさせら

れました。Mさんと、その後亡《な》くなられたお母さんのぶんまで、より多くの方々に、被爆《ひばく》ピアノのことを知ってもらわなくてはいけません。

まるでかざりけのない人――ジョージ・ウィンストンさん

これまで被爆ピアノは、多くの有名なピアニストに弾《ひ》いていただきました。たとえば、日本を代表する作曲家の池辺晋一郎《いけべしんいちろう》さんや、ピアニストで作曲家のウォン・ウィンツァンさんなど、それぞれがわすれられない出会いです。

そのなかでもわたしにとって、とくに印象的だったのが、アメリカ人ソロピアニストのジョージ・ウィンストンさん。アルバム『AUTUMN（秋）』や『FOREST（森林）』など、自然をテーマとする、繊細《せんさい》かつ清らかな楽曲で、世界的にも有名な方です。

二〇〇五（平成十七）年五月の来日時、広島公演のためにやってきたウィンストンさん（当時五十六歳《さい》）は、被爆ピアノのうわさをきき、自分でためし弾《び》きするために、わたしの工房《こうぼう》までわざわざ来てくれました。

一メートル九十センチはありそうな長身。しかも世界的なピアニストなのに、Tシャツにジーンズ、それにチョッキのような袖《そで》なしジャケットすがたでした。じつはジャケット以外は、わたしの仕事着兼《けん》外出着と同じだったので、いっきに親近感がわきました。

そのうえ、わたしが入り口でスリッパを出すと「ノー・サンキュー（必要ありません）。」とことわり、「何もかまわないでください。」と、右手のミネラルウォーター入りのペットボトルを見せてくれました。飲み物などもいりません、という意味です。有名な人なのに、少しもえらそうなところを見せない。

まさに「実るほど頭の下がる稲穂《いなほ》かな（本当にりっぱな人ほど謙虚《けんきょ》だ）」という、ことわざどおりの人でした。

しかも、通訳《つうやく》の人をとおして話していると、彼《かれ》は自分のひたいから後頭部にかけて髪《かみ》の毛《け》のない頭をさわりながら、「ぼくの頭は蛍光灯《けいこうとう》だからね。」と、まじめな顔でいったのです。わたしは、すっかり彼のファンになってしまいました。

最初は、ウィンストンさんがためし弾《び》きして気に入れば、彼の広島公演《こうえん》のアンコールで、被爆《ひばく》ピアノを一曲だけ演奏《えんそう》したいという話でした。ところが、わたしにとっても予想外のことになりました。

2005年、矢川さんのピアノ工房《こうぼう》を訪《たず》ねてきた、ジョージ・ウィンストンさん。

前代未聞《ぜんだいみもん》のステージ

「思ったよりいたみが少なく、今のピアノにはない深みのある音が出る。広島フェニックスホールでのコンサートの一曲目から、このピアノで演奏《えんそう》したい。」

通訳《つうやく》の人からウィンストンさんの申し出をきいたとき、わたしはうれしい気持ちと、「まさか！」というおどろきがいりまじり、とまどいました。

彼《かれ》がためし弾《び》きしたのは、わたしが所有していた被爆《ひばく》ピアノのうち、ただひとつのグランドピアノでした。爆心地から約二キロはなれた国民学校（現在《げんざい》の小学校）でつかわれていたものです。製造番号《せいぞうばんごう》が消えていて、いつ、つくられたのかはよくわかりませんが、わたしの推測《すいそく》では一九四一（昭和十六）年前後だと思います。

わたしが修理《しゅうり》と調律《ちょうりつ》をしたピアノを、世界のウィンストンさんがコンサートでもじゅうぶん弾《ひ》けるとみとめてくれたことは、その場で飛びはねたいほどうれしいことでした。

しかし、それだけで二時間近くのコンサートを演奏するとなると、まるで話はちがってきます。海外のピアニストが来日公演をおこなう場合、その演奏会場がもっている複数《ふくすう》の演奏用ピアノから、演奏者が気に入ったピアノをえらんで弾くものです。

被爆《ひばく》ピアノは、コンサートホールがもっている演奏用《えんそうよう》ピアノにくらべれば、音の質《しつ》ではどうしても落ちます。しかも戦前の古いピアノで、無数の傷《きず》があり、大きなホールの舞台《ぶたい》におくには、お世辞にもカッコいいとはいえません。

彼《かれ》のコンサートに来るお客さんは、ウィンストンさんのすばらしい演奏を期待して、すでに八千五百円もの高い入場料をはらっているのです。それにもかかわらず、彼が傷だらけの被爆ピアノで全曲を演奏することになれば、お客さんからも抗議《こうぎ》が出る可能性《かのうせい》があり、そうなればコンサートの主催者《しゅさいしゃ》もきっとこまるはずです。

ところがウィンストンさんは、被爆したグランドピアノで二時間近くのコンサートを弾《ひ》きおえてしまいました。

「歴史ある、すぐれたピアノを弾けることをうれしく思います。」

彼が被爆ピアノをそう紹介《しょうかい》してくれたときは、わたしも胸《むね》が熱くなりました。

ウィンストンさんは、公演前に広島市内にある原爆養護《げんばくようご》ホームにも出向いていました。高齢《こうれい》の被爆者とも交流し、フェニックスホールのコンサートでは「広島のみなさんから受けたインスピレーション（ひらめき）で。」と、即興曲《そっきょうきょく》まで弾いてみせたのです。低音域《ていおんいき》をほどよくひびかせ、きく人の感情《かんじょう》をゆさぶる演奏でした。わたしの想像《そうぞう》をこえて、被爆ピアノの新たな魅力《みりょく》を引き出してくれたのです。

ちなみに舞台上《ぶたいじょう》のウィンストンさんは、やはり長そでシャツにズボン、それにはだし。外見よりも演奏《えんそう》で勝負、そんな人となりがきわだつステージでした。

故《こ》マル・ウォルドロンさんの笑顔《えがお》

アメリカ人のジャズピアニストで、作曲家でもあるマル・ウォルドロンさんとの出会いもわすれられません。ウォルドロンさんは、「ジャズの女王」とよばれた歌手、ビリー・ホリデイの伴《ばん》奏者《そうしゃ》としても有名でした。亡《な》くなったビリー・ホリデイにささげるために、彼《かれ》がつくったアルバム『レフト・アローン』は、日本でも人気が高い作品です。残念ながら、二〇〇二（平成十四）年に彼は七十六歳《さい》で亡くなりました。

わたしとウォルドロンさんとの出会いは、一九九八（平成十）年八月五日、広島でおこなわれた平和コンサート「みんなで奏《かな》でる地球ハーモニー」でのことです。

今だからいえますが、ウォルドロンさんの第一印象は、とても気むずかしくてこわそうな人でした。わたしが英語を話せないせいもあったと思います。

大がらな黒人で、角刈《かくが》りの髪《かみ》は真っ白。無表情《むひょうじょう》なのに、目だけはギョロギョロと動くのです。コンサート当日の彼《かれ》は、オレンジ色のジャケットに黒のズボンすがたでした。

ウォルドロンさんには、原爆《げんばく》ドームの前で、古くて傷《きず》だらけの「昭和六年のピアノ」を弾《ひ》いてもらうことになっていました。しかし、

「こんなオンボロなピアノなんて弾けない！」

と彼がおこりだしたらどうしようか……、わたしはそんな不安でいっぱいでした。それまでにも、被爆《ひばく》ピアノに文句《もんく》をつけるピアニストが何人かいたからです。コンサート演奏用《えんそうよう》とくらべると、音が悪いのはしかたないのに、です。

ところがウォルドロンさんは、ふいに人なつっこい笑顔《えがお》をわたしに見せて、

「ミスター矢川、あなたはすばらしい活動をしていますね。あなたが原爆で傷ついたピアノを修《しゅう》理《り》して、その演奏会をつづけていることを、わたしは尊敬《そんけい》します。」

通訳《つうやく》の人をとおして、そうほめてくれました。わたしはホッとすると同時に、うれしくて顔が熱くなりました。彼から見れば、わたしの顔は、きっと真っ赤にほてっていたはずです。

その後、通訳の人をまじえて少し話してみると、その態度《たいど》や話しぶりも気品のある方でした。

やはり、人は外見や第一印象だけで判断《はんだん》してはいけないのです。

ウォルドロンさんが、わたしにささげるかのように被爆《ひばく》ピアノを演奏《えんそう》してくれたことも、とてもあざやかにおぼえています。彼《かれ》はわたしの目を何度も見ながら弾《ひ》いてくれました。世界的にも有名な彼が、わたしのような無名の調律師《ちょうりつし》を、被爆ピアノの活動ゆえにそこまで重んじてくれたのです。

ジャズピアニストだから、全身を大きくゆさぶりながらはげしく弾くのかと思っていたら、それもちがいました。上半身はほとんど動かさず、静かなクラシック曲でも弾いているかのようでした。しかし、大きな指でゆっくりとたたく鍵盤《けんばん》の音にはずしりとした重量感があり、深いかなしみをたたえたアドリブ（楽譜《がくふ》どおりではなく、即興《そっきょう》で演奏すること）でした。

絵本『ミサコの被爆ピアノ』

わたしが中古ピアノの寄贈《きそう》から、被爆ピアノの演奏会へ活動をうつしていった理由は、二〇〇五（平成十七）年夏の「ミサコのピアノ」との出会いによります。

この「ミサコのピアノ」の物語は、二〇〇七（平成十九）年に松谷《まつたに》みよ子《こ》さんの文によって、絵本『ミサコの被爆ピアノ』（木内達朗《きうちたつろう》・絵　講談社刊《こうだんしゃかん》）になりました。松谷さんは、『いないい

絵本『ミサコの被爆《ひばく》ピアノ』（文・松谷みよ子　絵・木内達朗　講談社刊）より。

ないばあ』や『ちいさいモモちゃん』、『ふたりのイーダ』の著者《ちょしゃ》でもある、有名な児童文学者です。松谷さんの絵本を読んだ人から、被爆《ひばく》ピアノの演奏会《えんそうかい》のおさそいがくるようにもなりました。「ミサコのピアノ」の物語が本という形でのこり、多くの方々に読んでもらえたことは幸せなことです。

しかし、たいへんはずかしい話ですが、わたしはそれまで松谷さんのお名前を知らずにいました。子どものころから、わたしはあまり本を読むほうではなかったせいです。最初にお会いしたとき、おそらく松谷さんもそれはおわかりになっていたはずですが、彼女《かのじょ》もまた、そういうことでヘソを曲げたりするような方ではありませんでした。むしろ、とても気さくで話しやすい方です。

物語のモデルであるミサコさんは、松谷さんの作品をよく読まれていました。一歳《さい》ちがいのお二人がじかに会って話をする機会がもてたことで、とてもすてきな絵本ができあがりました。

松谷さんも、先の戦争で東京大空襲《とうきょうだいくうしゅう》を子どものころに経験《けいけん》されています。取材中に、お二人がトセリの『嘆《なげ》きのセレナーデ』を口ずさみ、うれしそうな表情《ひょうじょう》を見せたこともありました。同じ青春時代をすごした二人の思い出のキャッチボールの中で、一冊《さつ》の本ができあがっていく。その現場《げんば》に立ち会えたことも、わたしにとっては貴重《きちょう》な体験です。

被爆《ひばく》ピアノとの出会いをきっかけに、みずからの被爆体験とあらためて向き合おうとした人たちの勇気。沖縄の子どもたちに「沖縄戦も原爆も同じだから、いっしょに平和について考えましょう。」と話してくれた、小学校の校長先生のやさしさもわすれられません。また、被爆ピアノのことを伝えるために力をかしてくれた、多くの人たちの一生懸命《いっしょうけんめい》さ。

ここには書ききれないほど多くの、魅力的《みりょくてき》な人たちと出会うことで、わたしは目には見えないエネルギーをたくさんもらうことができました。

第6章　ピアノは〝生き物〟——中古ピアノをよみがえらせる

戦前ピアノの生命力

わたしが被爆《ひばく》ピアノと出会ったそもそものきっかけは、中古ピアノの寄贈活動《きそうかつどう》でした。いろいろな理由で弾《ひ》かれなくなったピアノを引きとって修理《しゅうり》し、国内外の障《しょう》がい者施設《しゃしせつ》などにプレゼントしています。一九九六（平成八）年からはじめて、寄贈数が百二十三台（二〇一〇年三月末時点）になった活動にも、「ミサコのピアノ」とはちがった、それぞれの物語があります。

第1章でも書きましたが、戦前のピアノは、腕《うで》のいい職人《しょくにん》によって手間をかけてつくられています。もちろん、全部がいいわけではありませんが、戦後に手ごろなねだんで大量につくられたものとは、ピアノづくりの考え方そのものがちがいます。

ピアノは、鍵盤《けんばん》をたたいた振動《しんどう》がピアノ弦《げん》をとおして、共鳴板とよばれる木にひびいて音が出る楽器です。ピアノ内部にある共鳴板は「楽器の命」ともよばれています。ピアノにつかわれている木材も、戦前のものは十年前後の時間をかけて、じっくり乾燥《かんそう》させています。腕《うで》のいい職《しょく》人《にん》が、その木材を百分の一ミリ単位の正確《せいかく》さで一台一台つくり上げていったのです。

戦後のピアノは、機械によって短い時間で乾燥させられ、ながれ作業で大量につくられています。戦前のピアノは鍵盤《けんばん》に象牙《ぞうげ》などの高級品がつかわれていましたが、戦後のピアノの多くはねだんの安いプラスチックがつかわれています。

戦前のピアノは、むしろ買ってから五十年たって乾燥がいっそう進んだほうが、よりよい音で鳴りだします。その後もちゃんと修理《しゅうり》をしていけば百年、百五十年と弾《ひ》きつづけられます。

ピアノとは、それほど長い生命力がある楽器なのです。被爆《ひばく》ピアノが今も多くのピアニストに愛されるのは、それが戦前に手間ひまをかけてつくられた、最高級品であるせいかもしれません。

新しいものがよくて、古いものはよくない。最近はそんな考え方があるかもしれませんが、ピアノについてはあてはまりません。だからこそ、できるだけ大切に、より長く弾いてあげるべきなのです。

ピアノはこわい

ピアノを弾《ひ》くには技術《ぎじゅつ》がいります。だれでもかんたんに、うまく弾けるものではありません。ただし、技術だけでうまく弾けるものでもないのです。そこがピアノのおもしろいところであり、こわいところでもあります。

以前、島根県《しまねけん》での演奏会《えんそうかい》に、「ミサコのピアノ」をもっていったときのことです。会場のひかえ室で、わたしは、その日ピアノを弾く中学三年生の女の子といっしょになりました。演奏会がはじまるまでの三十分ほど、わたしは彼女《かのじょ》に「ミサコのピアノ」の物語を話してあげたのです。彼女はだまって、真剣《しんけん》な表情《ひょうじょう》できいてくれました。

彼女のその後の演奏はすばらしいものでした。

もちろん、演奏会で弾き手にえらばれているのですから、技術もしっかりしていますが、「この歴史のあるピアノを弾かせてもらう。」という謙虚《けんきょ》な気持ちも、ピアノの音色とともに、わたしにはちゃんと伝わってきました。

たとえば、同じ文章を朗読《ろうどく》するにしても、ただ棒読《ぼうよ》みする人と、その文章の意味をしっかりとわかったうえで、必要におうじて感情をこめて読める人では、それをきいた人の印象はぜんぜんちがうはずです。ピアノの音も、それと似《に》ています。

被爆《ひばく》ピアノがこわいのは、「わたしが弾《ひ》いてやるぞ。」というえらそうな態度《たいど》の人には不思議と、よい音をひびかせないところです。

これは、調律師《ちょうりつし》のわたしだけではなく、ほかの人たちも同じように感じている場合が多いのです。この人はずいぶんえらそうに弾くなぁと感じて、まわりの人に感想をもとめると、

「たしかにうまいけど、もう一度ききたいとは思わないなぁ。」

といった答えが返ってきます。そんな楽器だからこそ、プロのピアニストより、中学三年生の演《えん》奏《そう》のほうが、きく人の心をゆさぶることもあるのです。

同じピアノは一台もない

以前、同じピアノは一台もないということを書きました。人間の顔や声などがひとりひとりちがうのと同じです。しかし、そこまでピアノの音をききわける耳をもつには、およそ五年間で二千から三千台のピアノにふれないと、一台一台の個性《こせい》は見えてきません。

調律師の仕事は、ピアノの音をととのえることです。

ふつうの家ならば、調律《ちょうりつ》は一年に一度が目安です。ただし、有名音楽大学に入ろうとしている受験生なら、一日九時間前後の練習が必要といわれています。それほど弾《ひ》けばピアノ弦《げん》はすりへって切れやすくなり、調律も三か月に一度は必要になります。

個人《こじん》のピアノの調律は、弾き手の好みに合わせて調律する技術《ぎじゅつ》も必要です。

ピアノは鍵盤《けんばん》をおすと、ハンマーとよばれるものがピアノ弦をたたき、その振動《しんどう》で音が鳴ります。よりかたい音が好きな人や、よりやわらかい音が好きな人に合わせるには、そのハンマーにまかれているフェルト（羊の毛）のかたさをかえて調節します。

また、鍵盤のタッチも好みが分かれるポイントです。

個人差もありますが、ふつう、鍵盤がしずむ深さは十ミリ（一センチ）とされています。十ミリより〇・五ミリ深くしずめば、そのぶんだけおくゆきのある音になります。しずむぶんが〇・五ミリ浅くなれば、そのぶんだけ軽《かろ》やかな音が印象にのこります。

そんなちょっとした工夫《くふう》で、音はかわります。弾き手それぞれの好みに合わせて、ピアノを調節することで、ピアノごとの個性《こせい》がよりきわだつ。それが調律という仕事のおくが深いところなのです。

三世代でつかえる楽器

人は体調をくずせば病院でなおせますし、車は修理工場《しゅうりこうじょう》で修理できます。しかし、ピアノは修理する場所がなかなかありません。調律師《ちょうりつし》になったころから、わたしはそれが気になっていました。

日本は一九六〇年代から高度経済成長期《こうどけいざいせいちょうき》に入り、七〇年代にかけて四軒《けん》に一軒はピアノをもつようになりました。当時の日本は、世界のピアノ消費量の五〇％をしめ、世界一のピアノ人口をもつ国だったのです。女の子が生まれると、多くの親たちはピアノを買っていました。それがゆたかな生活のシンボルでもあったせいです。

ところが、ピアノをはじめた女の子たちの多くは、小学校を卒業する十二歳《さい》前後で弾《ひ》かなくなってしまいます。そのあとは部屋のすみでホコリをかぶっていたり、テレビなどのモノおき台になっていたりします。本当はまだまだ音が鳴るのに、ずいぶんもったいないなぁ、とわたしはとても残念に思っていました。

反対に、いくらお金がかかっても修理して、大切につかいつづける人がいるのもピアノの特徴《とくちょう》です。親から「新しいピアノを買ってあげる。」といわれても、たいていの子どもはあまり喜びません。長い間弾きつづけてきて、指先が鍵盤になれ親しんだ感覚は、何物にもかえられないせいです。

子どもたちに物を大切にすることを伝えていくためにも、ピアノの調律《ちょうりつ》だけでなく、修理《しゅうり》をしてより長くつかってもらう仕事が必要だと、わたしは感じていました。

しかし、ピアノをばらばらにして修理をしたり、古くなったピアノの表面をちがう色にぬりかえたりする作業は、ピアノをいったん引きとって、時間をかけないとできません。相手の家をたずね、数時間の作業ですむ調律とはちがいます。わたしの性格上《せいかくじょう》、どうせ修理するのなら、自分が納得《なっとく》できるまできちんとやりたいと強く思うようになりました。

当時も今も、ピアノの調律はできても、修理までできる人は多くありません。両方できれば仕事もふえるだろう、そんなわたしなりの計算もありました。ただの調律師としておわりたくないとも思っていました。

さいわい、わたしは独立後《どくりつご》、いなかにある実家でくらしていて、先祖代々《せんぞだいだい》からの広い田畑が近くにありました。それを少しつぶして、ピアノの修理ができる工房《こうぼう》を建てれば、毎月の家賃《やちん》もかかりません。

父親には猛反対《もうはんたい》されましたが、結局、わたしはピアノ工房を建ててしまいました。一九九五（平成七）年のことです。ピアノは大切にすれば、祖父母《そふぼ》から孫まで三世代にわたってつかえる楽器です。そんな思いが、しだいに中古ピアノを修理《しゅうり》して寄贈《きそう》する活動へとつながっていきました。

八十七歳《さい》のかけがえのない思い

修理の仕事をはじめたことで、わたしは調律《ちょうりつ》だけでは出会えなかっただろうピアノを、数多く知ることになります。自分の想像《そうぞう》以上に、ピアノへの強い思いをもっている方々との出会いがありました。それがきっかけで、翌《よく》九六年から障《しょう》がい者施設《しゃしせつ》などへのピアノの寄贈へと、活動はひろがっていきました。

「子どものころから弾《ひ》いてきたピアノなんですが、音が鳴らなくなってから、すっかり弾かなくなってしまいました。わたしが死ぬまでに、なんとか直しておきたいんです。」

そんな電話をくれたのは八十七歳のおばあさんでした。

わたしが中古ピアノを修理して寄贈している、という地元新聞の記事を見て、この人ならためそうだと思ったようです。おばあさんの家にうかがうと、ピアノのいくつかの鍵盤《けんばん》は下がったままでした。それ以外にも音が鳴らない鍵盤があり、かなりひどい状態《じょうたい》でした。彼女《かのじょ》の息子《むすこ》さ

んは、

「こんなオンボロなピアノを、今さらお金をかけて直して、どうするの？」

と、すっかりあきれ顔でした。たしかに、常識《じょうしき》で考えれば息子《むすこ》さんがいっていることが正しいのかもしれません。長年弾《ひ》かなかったピアノを、今回修理《しゅうり》したからといって、八十七歳《さい》の彼女《かのじょ》が弾きだすとは考えづらいでしょう。

しかし、おばあさんは修理するという意志《いし》をまげませんでした。

わたしはピアノを数か月間あずかったのですが、その間、彼女はタクシーにのり、工房《こうぼう》まで修理の様子を二回も見にきました。そしてピアノが直ってから約四か月後、しずかに息をひきとられました。

もしかしたら、おばあさんは自分の最期《さいご》を予感していたのかもしれません。

ここからはわたしの想像《そうぞう》になりますが、わかいころに一生懸命《いっしょうけんめい》練習した思い出が、たくさんつまったピアノだったのかもしれません。あるいは、高価《こうか》なピアノを買いあたえてくれた親への感謝《かんしゃ》の気持ちや、親の形見として自分がいなくなってからもだれかにつかいつづけてほしい、そんな思いがこめられた修理の依頼《いらい》だったのかもしれません。

おばあさんが亡《な》くなったあと、息子さんから、修理したばかりのピアノを引きとってほしいと電話がありました。わたしはそれを広島県内にある知的障《ちてきしょう》がい者施設《しゃしせつ》に寄贈《きそう》しました。そのとき、おばあさんの気持ちを、わたしが代わりとなって施設の方々に伝えるために、ピアニストにも来てもらい、記念コンサートもおこないました。

今はなんでもすぐ手に入ります。

新しいものが手に入れば、古いものはどんどんすてられていきます。だからこそ、八十七歳《さい》の彼女《かのじょ》がそこまで古いピアノを大切に思う気持ちは、とてもかけがえがないと思うのです。

寄贈からうまれた新たな交流

中古ピアノの寄贈とは、弾《ひ》かれなくなったピアノを持ち主から引きとり、修理《しゅうり》してから、国内外の施設にプレゼントすることです。その場合、ピアノの持ち主と、わたしがピアノを寄贈する施設は何の関係もありません。

ところが、ピアノの寄贈をきっかけに、元の持ち主と、寄贈した施設の間で新たな交流がうまれることがあります。以前、長野県《ながのけん》に住む八十歳の女性《じょせい》から、こんな電話をいただきました。

「ピアノ弦《げん》を全部はりかえて修理すると、五十万円かかるといわれました。費用はわたしが負担《ふたん》しますから、修理《しゅうり》してどこかに寄贈《きそう》して役立ててください。」

わたしはピアノ弦《げん》をすべて交換《こうかん》して、広島県内の高齢者《こうれいしゃ》向けデイサービス施設《しせつ》に寄贈しました。そして施設側には、元の持ち主の方にお礼の手紙を書いてほしい、とお願いしました。

しばらくして、元の持ち主の女性《じょせい》から、わたしあてにお菓子《かし》と手紙がとどきました。旅行で広島に来たとき、自分のピアノがあるデイサービス施設を訪問《ほうもん》したと書いてありました。施設側からていねいなお礼の手紙が、彼女《かのじょ》にとどいたのがきっかけだったそうです。わたしへの手紙は、

「ピアノは、とてもキレイになっていました。ありがとうございます。」

と結ばれていました。

テレビや新聞などの報道《ほうどう》をきっかけに、多くの方々から連絡《れんらく》をいただくようになりました。興味深《きょうみぶか》いことに、その連絡は新聞記事やテレビ放送に出た直後というわけではありません。報道されてから三年、長いものでは五年後に電話がかかってきたりします。記事などを切りぬき、その間、ずっと大切に保管《ほかん》していて、あるとき、ふいに思い立って電話をかけてくるのでしょう。

三年や五年という時間が、何を意味するのかはよくわかりません。

その間、切りぬいた記事のことをわすれていたり、見失っていたりするだけかもしれません。

あるいは、前に書いた「ミサコのピアノ」のミサコさんのように、長年いっしょにくらしてきた

ピアノを手放すことへの、長い葛藤《かっとう》をしめす時間かもしれません。

女子高校生の形見

二年しかつかっていない新品同然のピアノを引きとったこともあります。それは交通事故《こうつうじこ》で弾《ひ》き手《て》を失ったピアノでした。幼稚園《ようちえん》の先生になるのが夢《ゆめ》だった高校二年の女の子です。お仏壇《ぶつだん》にはあどけない顔でほほえむ写真がありました。

わたしがトラックに積みこんでピアノを持ち帰ろうとしたら、彼女《かのじょ》のお母さんが突然《とつぜん》、声を上げて泣きだしました。両手で顔をおおって大泣きされるすがたを見て、わたしも鼻のおくがツンとしました。それほどつらいのなら、そのまま置いて帰ったほうがいいかなとも思ったのですが、

「ピアノがあるほうがつらいですから。とにかく役立ててもらいたいのです。その方法は矢川さんにおまかせします。どうぞ思うようにつかってください。」

見るからにやさしそうなお父さんは、そういわれました。

ピアノはどこも修理《しゅうり》する必要はなく、ご両親の思いをふまえて、大分県《おおいたけん》にある障《しょう》がい者施設《しゃしせつ》

に寄贈《きそう》しました。音楽好きな人がとても多いけれど、ピアノを買う予算はない施設《しせつ》でした。以前、ピアノのコンサートを開いた縁《えん》で、わたしもそこの人たちのことをよく知っていたのです。

彼女《かのじょ》のご両親にその施設の説明をする一方、施設には事情《じじょう》を伝えたうえで、ピアノを大切につかっている写真をそえて、ご両親にお礼の手紙を書いてほしいとお願いしました。

かつての弾《ひ》き手《て》や、家族の人たちがピアノによせたそれぞれの思いは今、新たな場所でちゃんといかされています。

ルワンダへ贈《おく》った三台のピアノ

ルワンダという国が、どこにあるか知っていますか。

アフリカ大陸の中央部にある共和国で、自然が豊かで「千の丘の国」とよばれています。

福島県《ふくしまけん》で活動している、ルワンダ出身の女性《じょせい》のカンベンガ・マリールイズさんと知り合ったことがきっかけで、わたしは四年前に三台の中古ピアノを寄贈しました。贈《おく》り先《さき》はルワンダにある、彼女たちが支援《しえん》をしているウムチョムゥイーザ学園です。

工房をたずねてきてくれた、ルワンダ出身のカンベンガ・マリールイズさんと。

彼女《かのじょ》はわたしの工房《こうぼう》にもわざわざ足を運んでくれました。そして彼女の話をとおして、あいつぐ内戦（ひとつの国でおこる、その国の人同士による戦争）で、多くの子どもたちが心や体に傷《きず》をおっていると知りました。

わたしは、世界にはまだたくさんの苦しんでいる子どもたちがいることを、ひとりでも多くの人に知ってほしいと思いました。そして、そんな子どもたちを、音楽の力で少しでも元気づけたいと思うようになりました。

被爆《ひばく》ピアノの演奏会《えんそうかい》のたびに募金箱《ぼきんばこ》をおき、ルワンダの子どもたちの現実《げんじつ》を紹介《しょうかい》して、寄贈《きそう》ピアノ三台分の輸送費《ゆそうひ》など約百二十万円を集めました。その後、ルワンダから、ピアノを大切につかっている子どもたちの様子を録画したビデオが送られてきました。中古ピアノは国内にかぎらず海外にも贈《おく》っています。

幸せをよぶ黄色いグランドピアノ

高倉健《たかくらけん》さん主演《しゅえん》の「幸福《しあわせ》の黄色いハンカチ」という映画《えいが》があります。家のわきにある高いさおにとおしたロープに、たくさんの黄色いハンカチをくりつけて、好きな男性《だんせい》が帰ってくることを長い間待ちつづけている女性《じょせい》の物語でした。それを見て、わたしもいつか黄色いピアノを寄贈《きそう》しようと思うようになりました。

最近はワインレッドや木目調をきわだたせたものも出てきましたが、ピアノはまだまだ黒色が多いです。とはいえ、昔は黒が多かった自動車も、近ごろはいろんな色が走っていたりしますから、いろんな色のピアノがあっても少しもおかしくありません。昭和の歌謡界《かようかい》を代表する歌手の一人、故《こ》・美空《みそら》ひばりさんも、特別につくらせた紫《むらさきいろ》色のグランドピアノをもっていたそうです。

あるグランドピアノを引きとることになったとき、わたしは修理《しゅうり》したうえで、黒い表面を黄色のペンキでぬりかえました。寄贈先は民間の母子支援《ぼししえん》センター。父親の家庭内暴力《かていないぼうりょく》などからにげだしてきた、母親と子どもを助けてくれる施設《しせつ》です。父親に見つからないようにするために、そこに入ると外出も自由にできません。

人目をしのんで生活しなければいけない場所だからこそ、明るくて、幸せをよびこむとされる黄色いピアノがふさわしい。わたしはそう考えました。いずれはピンク色のピアノなども、つくってみるつもりです。

寄贈《きそう》ピアノ百二十三台

わたしの工房《こうぼう》には、中古ピアノを寄贈した施設《しせつ》などからいただいた感謝状《かんしゃじょう》が何枚《なんまい》もかざってあります。そのひとつに、ピアノを寄贈したわけではありませんが、広島県内のある中学校のPTAや卒業生からいただいた感謝状があります。

創立《そうりつ》当時からその学校にある古いピアノを、わたしが数か月間かけて修理《しゅうり》したときにいただきました。中学の先生が、ピアノを修理してのこすために、学校の保護者《ほごしゃ》や卒業生たちに募金《ぼきん》をよびかけて修理費用を集めたのです。

「物を大切にする心を、今の子どもたちに形でしめそう。」

それが募金活動のキャッチフレーズでした。

募金をよびかけた先生は、わたしの中古ピアノの寄贈活動に共感してくれて、修理をたのんできてくれました。物を大切にすることはわたしの活動テーマですから、寄贈ではありませんが、それはうれしい感謝状です。

そのほか、さまざまな災害《さいがい》にあって傷《きず》ついたピアノも、わたしは修理してよみがえらせてきました。「震災《しんさい》ピアノ」もそのひとつで、一九九五（平成七）年一月の阪神《はんしん》・淡路大震災《あわじだいしんさい》にあったものです。

たおれた家の下じきになったその外国製《がいこくせい》のピアノは、持ち主の女性《じょせい》が嫁入《よめい》り道具《どうぐ》のひとつとして、両親に買ってもらったものでした。かなり傷《きず》つき、雨にも打たれていましたが、その女性がどうしてもすてられないというので、修理《しゅうり》して広島県内の保育園《ほいくえん》に寄贈《きそう》しました。

「水害ピアノ」は十年くらい前、わが家の近所でおきた水害のときのものです。

わたしの息子《むすこ》の一年先輩《せんぱい》の男子生徒が、帰宅途中《きたくとちゅう》、大雨ではんらんした川に流されて亡《な》くなったほどの水害でした。水害がおさまったあと、近所の家の女性のピアノが、川の水が運んだ土砂《どしゃ》にすっかりうもれてしまいました。ピアノの音を決める部分は木でできているので、水にぬれてしまうと、元通りの状態《じょうたい》にもどすのはむずかしいのです。しかし、持ち主から「どうしても修理してほしい。」とたのまれたので、わたしはできるかぎり修理しました。

家が全焼《ぜんしょう》したにもかかわらず、かろうじて燃《も》え残《のこ》った「火災ピアノ」も修理したことがあります。消防署《しょうぼうしょ》の消火活動で大量の水をかけられたうえに、ピアノそのものもススだらけでした。

先の戦争中、アメリカ軍の飛行機の攻撃《こうげき》で傷ついた「空襲《くうしゅう》ピアノ」も、二台引きとり、わたしの工房《こうぼう》で修理して保管《ほかん》しています。

それらの中には、

「これはもう修理《しゅうり》できないから、すてたほうがいいのではないか……。」

と、わたしも思ってしまうような、いたみのひどいピアノもありました。しかし、それぞれの持ち主には、わたしの想像《そうぞう》をこえた、ピアノへの強い愛着があります。

「矢川さんができるところまででいいですから、どうか修理してください。」

わたしの体にすがりつかんばかりの表情《ひょうじょう》でそうたのまれると、そのピアノへの強い思いをうけとめないわけにはいきません。自分のできる範囲《はんい》で修理するしかないのです。ピアノはただの楽器ではなく、それぞれの持ち主の思いがぎっしりとつまった〝生き物〟なのです。

国内外へ寄贈《きそう》した中古ピアノは、二〇一〇（平成二十二）年三月末時点で百二十三台になりました。この章で紹介《しょうかい》したピアノはあくまで一部で、その台数分だけの物語があります。

二〇〇三（平成十五）年には、この活動にたいして広島市民表彰《ひろしましみんひょうしょう》（市民賞）をいただきました。ただし、二〇〇五（平成十七）年以降《いこう》は、被爆《ひばく》ピアノの演奏会《えんそうかい》のほうがいそがしくなり、中古ピアノの寄贈まではなかなか手が回っていません。

しかし、ピアノの持ち主の思いを自分なりに受けとめ、ピアノだけでなく、その思いもふくめて新たな人たちに引きつぐという意味で、中古ピアノの寄贈活動《きそうかつどう》がわたしの原点です。これがなければ、その音色とともに、被爆《ひばく》ピアノの物語を多くの人たちに伝える演奏会《えんそうかい》やコンサートも、おそらく、わたしはやっていなかったはずです。

第7章　海をわたる被爆《ひばく》ピアノ

八月六日を知らない子どもたち

「八月六日が何の日か、知っていますか。」

被爆ピアノの演奏会《えんそうかい》でそう問いかけても、知らない子どもが、ここ数年ふえています。

「何か、おまつりでもあるんですか。」

広島にやってきた修学旅行生《しゅうがくりょこうせい》から反対にそう質問《しつもん》されて、ズッコケそうになったこともあります。

もちろん、長崎に原爆が落とされた八月九日、日本がアメリカに降伏《こうふく》した八月十五日を知らない子もおおぜいいます。

さすがに広島の子どもたちは、学校で教えるだけでなく、地元のすべてのテレビ局が、八月六日前後に原爆《げんばく》の特集番組を放送しますから、そんなことはありません。

もっとも、わたし自身、「原爆」や「沖縄戦」については、くわしく知らなかったので同じようなものです。けっしてえらそうなことはいえません。「知らないからダメ。」ではなくて、「だから正しく知るチャンスがあるんだ。」と、前向きに考えればいいと思っています。

昨年、小中高の修学旅行《しゅうがくりょこう》で広島に来た学校は約四千五百校です。そのうち三十校の生徒には、被爆《ひばく》ピアノの演奏会《えんそうかい》をきいてもらいました。

しかし、歴史の証人《しょうにん》である被爆経験者《けいけんしゃ》の方々も、この先亡《な》くなっていかれます。これから十年後、二十年後、だれが、子どもたちに原爆のことを、どうやって伝えていくのか。そう考えたときに、被爆ピアノがはたせる役目はきっと大きいはずです。

ピアノバカ

広島から東京まで、車で片道《かたみち》約十五時間かかります。東京での演奏会のときは、トラックにピアノを積んで、高速道路をひたすら走らなければいけません。事故《じこ》や渋滞《じゅうたい》があると三、四時間はすぐにおくれてしまうので、演奏会がはじまる時間から逆算《ぎゃくさん》して、二十時間前には広島を出るようにしています。

予定より早くつけば、トラックの中で目覚まし時計をかけて、二、三時間仮眠《かみん》をとります。長時間の運転はかなりつかれます。一時間寝《ね》るだけでも、つかれのとれ方はちがいます。コンサート前日にホテルに泊《と》まった場合は、翌朝《よくあさ》起きたらまずピアノを見にいきます。なにかトラブルでもおきていないかをたしかめるためです。

被爆《ひばく》ピアノはわたしのものではありますが、貴重《きちょう》な被爆資料《しりょう》として考えると、わたしだけのものではありません。近ごろは、「日本の宝物《たからもの》」と考えるようになりました。

正直に書くと、こんなにしんどい思いをして、仕事の休みを全部つぶして全国に出かけなくても、広島の自分の仕事場にどっしりと腰《こし》をすえて、調律《ちょうりつ》と修理《しゅうり》の仕事だけでゆっくりくらしていればいいのに……、そう思うこともありました。

一方、「被爆ピアノ」をとおして、今まで書いてきたように多くの方々と出会えたことは幸運でした。もちろん、出かけていった先で、いやな思いをしたこともありますが、いい出会いのほうがだんぜん多かったのです。

そう考えると、どんな物事にも「いい面」と「いやな面」があるのかもしれません。あとはその人の考え方しだい、というわけです。

ピアノ運搬《うんぱん》のために購入《こうにゅう》したトラック。このトラックで、被爆《ひばく》ピアノを全国に運ぶ。

なにかひとつのことをこつこつとつづけていくことの大切さを、今とても感じています。わたしの場合は、仕事でも、被爆《ひばく》ピアノの演奏会《えんそうかい》でも、ピアノひとすじの「ピアノバカ」。「バカ」とは、けっしてよい言葉ではありませんが、自分がバカになるほど好きなものと出会うことができて、わたしはなによりも幸せです。

「カズコのピアノ」

戦争が終わって六十年後の二〇〇五（平成十七）年夏、「ミサコのピアノ」と出会ったとき、被爆ピアノはこの先もう出てこないだろうと思いました。広島で被爆したピアノの多くもすでに処分《しょぶん》されたでしょうし、持ち主もかなり亡《な》くなられたはずだからです。

ところが二〇〇九（平成二十一）年五月十三日、わたしはあらたに外国製《がいこくせい》の被爆ピアノを引きとることになりました。その日がわたしの誕生日《たんじょうび》だったのも、不思議な偶然《ぐうぜん》を感じずにはいられません。

おそらく昭和の初めごろにつくられたと思われる、「ホルゲル」というドイツ製のアップライトピアノでした。持ち主であるカズコさんは、一九四〇（昭和十五）年、父親から十二歳《さい》のときに買ってもらったもので、十代のころはワルツが好きでよく弾《ひ》いていたといいます。

そのピアノは、爆心地《ばくしんち》からは二・六キロの場所にありました。

当時十七歳のカズコさんは、原爆が落とされた日は二階建ての自宅《じたく》にいて、ピアノといっしょに被爆《ひばく》しました。ちょうど一階にあるピアノのある部屋に向かって、カズコさんがろうかをあるいている途中《とちゅう》でした。家の窓《まど》ガラスはわれ、ドアはふき飛んだそうです。ところが、カズコさんがあるいていたろうかの壁《かべ》が、ちょうど爆心地側だったために、彼女《かのじょ》は幸運にも壁にまもられ、ケガもなく無事でした。

ピアノにはカバーがかけられていたそうですが、その上から、たくさんのわれたガラスの破片《はへん》がつきささっていたそうです。もし、カズコさんがピアノの部屋にはいっていたら、けっして無傷《むきず》ではすまなかったでしょう。

被爆したときの話をきき終えて、ピアノをトラックに積みこんだ瞬間《しゅんかん》、それまではニコニコと話されていたカズコさんが突然《とつぜん》、両手で顔をおおって泣きだしました。ピアノへの強い思いを見たとき、わたしもジンときて、涙《なみだ》が少し出ました。そこまでの思いいれがあるのなら、わたしが持ち帰らなくてもいいのではないか、とも考えました。

ここからはわたしの想像《そうぞう》ですが、ピアノがトラックに積みこまれた瞬間、カズコさんには、さまざまなことがいっきに思い出されたのでしょう。

彼女《かのじょ》はピアノといっしょに被爆《ひばく》しています。間一髪《かんいっぱつ》のタイミングで、カズコさんは無事でしたが、ピアノはひどく傷ついてしまいました。ピアノへの愛着がとても深い人なら、ピアノが自分の身代わりになってくれたと思うかもしれません。あるいは、ピアノとともに乗りこえてきた戦後のつらいできごとが、走馬灯《そうまとう》のようによみがえったのかもしれません。

今回、カズコさんの自宅《じたく》近くにある道路を広くする工事のために、彼女の家族は引っこさなくてはいけなくなりました。家族の間で、長く弾《ひ》いていないピアノをどうしようか、という話になったといいます。そのとき、カズコさんの知り合いから、わたしが被爆ピアノの演奏会《えんそうかい》を毎年ひらいているお寺の住職《じゅうしょく》さんをとおして、工房《こうぼう》へ連絡《れんらく》がはいったのです。

わたしはそれを「カズコのピアノ」とよび、「ミサコのピアノ」と同じように、宝物《たからもの》として大事に守っていくことに決めました。これから演奏会やコンサートなどで多くの人たちに、その音色をきいてもらうつもりです。「カズコのピアノ」の物語は、わたしが代わりとなって伝えて、平和のために少しでも役立てていきます。

去年夏の「アオギリ平和コンサート」が、「カズコのピアノ」のデビューでした。彼女《かのじょ》もご家族といっしょに見にこられました。開始時間の午後二時から午後八時の終了《しゅうりょう》まで、ずっと会場できいていらっしゃいました。

「本当にいい音が出るように直していただいて、ありがとうございます。とても感動しました。」

カズコさんがおだやかな笑顔《えがお》で帰りぎわにそういわれて、わたしもホッとしました。

じつは、最近ひょんなことから「ミサコのピアノ」のミサコさんと、カズコさんが同じ学校の同級生だったことがわかったのです。今年の「アオギリ平和コンサート」では、ふたつの被爆《ひばく》ピアノの演奏会《えんそうかい》にして、会場でお二人に再会《さいかい》していただこうかと考えているところです。

かざらないのが自分のスタイル

第5章のジョージ・ウィンストンさんの話でもふれましたが、演奏会やコンサートのとき、わたしはいつもTシャツか半そでのポロシャツに、ジーンズです。トラックからピアノをおろして舞台《ぶたい》に運びこみ、ピアノの調律《ちょうりつ》をするので、演奏会場では、この服装《ふくそう》がいちばん動きやすいのです。

演奏会《えんそうかい》では、演奏の前に、わたしから被爆《ひばく》ピアノについてかんたんな説明をさせていただいています。

ある会場での演奏会のときでした。

「矢川さん、そろそろはじめますので、着がえていただけますか？」

ひかえ室で開演を待っていたわたしに、主催者《しゅさいしゃ》の方がそういいに来ました。

「いやぁ、いつもこのかっこうであいさつもしているんですけど。」

「でもぉ……、それじゃあ、ちょっと、ねぇ……。」

「そういわれても、着がえもありませんしねぇ。」

「……そうですかぁ。」

主催者の方は、これはこまったなぁといわんばかりの顔つきでした。その日のわたしは、黒のポロシャツとブルージーンズにスニーカー。そのまま舞台《ぶたい》に上がって被爆ピアノの説明をしました。

あるいは、ある小学校に行ったときのことです。

体育館の演奏会場で、教頭先生がまじめな顔で、

「えーっ、では、これから矢川先生からお話をしていただきます。」

そう紹介《しょうかい》していただいてから、わたしが舞台上に、やはりTシャツとジーンズで出ていく

と、前のほうにすわっている子どもたちが、クスッと笑いました。「矢川先生」というよび方と、近所のオジサンみたいなわたしの服装《ふくそう》とのあいだに、かなり落差があったせいでしょう。大人とちがって、子どもたちの反応《はんのう》はいつもストレートです。もちろん、わたしが話をはじめると、みんな、しずかにきいてくれました。

子どもたちとの出会いをとおして、

「人を年齢《ねんれい》や肩書《かたがき》などで決めつけてはいけない。」

とおそわったように、わたしは服装《ふくそう》によって、自分がどう見られようとかまわないのです。

今の自分に満足しているのか

目的と夢《ゆめ》をもちつづけていたい、わたしはそう思っています。

人から見ればバカみたいなことであっても、自分が本当にやりたいことなら、だれになんといわれても気にする必要はありません。もちろん、人にめいわくをかけなければの話です。

わたしは自分が「これだ！」と思ったら、まっすぐにつっ走りやすいところがあります。ひっこみじあんで、人前で話すのが苦手だったころから、意外と負けずぎらいでもありました。中古ピアノの寄贈《きそう》も、被爆《ひばく》ピアノの演奏会《えんそうかい》やコンサートも、なぜここまでやってきたのかと考えると、そんな性格《せいかく》のせいもあるはずです。

いちばん大切なことは、今の自分に満足しているかどうか、ということ。その満足感がないと、生きていたっておもしろくありません。いくらわかくてもそれがない人より、年をとっても自分に満足感がある人のほうが、きっと、ほがらかな顔と高らかな声で笑えるはずです。そんな生きがいがあれば、くるしいことや、いやなことがあっても、乗りこえていけるでしょう。

海をわたる被爆ピアノ

わたしの長年の夢《ゆめ》が、またひとつ実現《じつげん》することになりました。二〇一〇年九月十一日前後の六日間、アメリカのニューヨーク市内の合計十会場で、被爆ピアノの演奏会をすることが決まったのです。とうとう、被爆ピアノは太平洋をわたることになりました。

最初のきっかけは、二〇〇七年一月の沖縄での演奏会でした。

沖縄に行きたいという夢《ゆめ》がかなったことで、つぎは海外に行きたい、どうせ行くならアメリカがいいなぁ、そんな気持ちがうまれたのです。当時は、夢のまた夢でしかありませんでした。

アメリカでの演奏会の計画は、毎年九月十一日にニューヨークでおこなわれる慰霊祭《いれいさい》に参加している、プロデューサーの竹本宗文《たけもとむねふみ》さんとの出会いからはじまりました。

この慰霊祭は、二〇〇一年のアメリカの世界貿易《せかいぼうえき》センタービルへの同時多発テロ（民間航空機二機が乗っとられ、同ビルにあいついで激突《げきとつ》して、多くの死傷者《ししょうしゃ》を出した事件《じけん》）で亡《な》くなった、多数の犠牲者《ぎせいしゃ》の死を悲しむものです。竹本さんは、この事件によって、ビルで働いていたひとりの友人をうしないました。そして五年前から、その友人と、事件で亡くなったアメリカ人消防士《しょうぼうし》たちの慰霊《いれい》をかねて、灯籠《とうろう》（木や竹のわくに紙をはって火をともすもの）を大量にもって出かけていたのです。

竹本さんと話してみると、彼《かれ》の叔父《おじ》さんも、わたしの父と同じ広島市の元消防士だったことがわかりました。原爆《げんばく》投下後、ケガをした人たちの救助中に被爆《ひばく》されたといいます。竹本さんのお父さんも入市《にゅうし》被爆されていて、その後、お二人とも亡くなられました。竹本さんが消防士という仕事を尊敬《そんけい》している点も、わたしと同じでした。その彼が、被爆ピアノのニューヨーク公演実《こうえんじつ》現《げん》のために協力したい、といってくれたのです。

わたしは、同時多発テロの光景をテレビで見たとき、なぜか原爆《げんばく》が爆発して焼け野原になった広島の街や、くずれた消防署《しょうぼうしょ》の下じきになった父親のすがたがダブってしまいました。ですから、消防士の慰霊という竹本さんの姿勢《しせい》に共感できました。

もうひとつのきっかけは、アメリカのオバマ大統領《だいとうりょう》の演説です。

二〇〇九年四月、アメリカのオバマ大統領が、チェコ共和国の首都プラハでおこなった核兵器《かくへいき》廃絶《はいぜつ》をうったえた演説《えんぜつ》を、みなさんは知っていますか?

核兵器とは、原子爆弾《げんしばくだん》だけでなく、水素《すいそ》爆弾や中性子《ちゅうせいし》爆弾などもふくめた兵器の総称《そうしょう》です。広島や長崎に落とされた原爆で、多くの人の命がうしなわれたにもかかわらず、世界ではそのあとも数多くの核兵器がつくられてきました。

オバマ大統領は、広島と長崎で原子爆弾という核兵器をつかった国のトップとして、ロシアのメドヴェージェフ大統領と核兵器の削減《さくげん》に向けた話し合いをし、そのときの演説で核実験の世界《せかい》規模《きぼ》での禁止《きんし》に向けて取りくむことを約束しました。

この演説をきいたわたしは、オバマ大統領が参加する、九月十一日のニューヨークでの慰霊祭《いれいさい》で、

「ぜひ被爆《ひばく》ピアノを弾《ひ》いていただきたい。」

と手紙を書くことをきめました。といっても、わたしは英語ができないので、まず日本語で文章を書き、それをだれかに英語に訳《やく》してもらって送るつもりです。

自分がやりたいことがあっても、心の中で思っているだけでは何もかわりません。行動をおこさないかぎり、失敗もしませんが、自分がやりたいことも実現《じつげん》できないのです。夢《ゆめ》を本当にかなえたいのなら、自分なりのやり方でもいいから、前に進んでいかなければいけません。

手紙を出しても、オバマ大統領《だいとうりょう》に読んでもらえないかもしれません。でも、それが手紙を出した結果であれば、あきらめるしかないでしょう。出さないままで、「あのとき、もし手紙を出していたら……。」とずっと後悔《こうかい》しつづけるより、はるかにいいと思っています。

エピローグ　平和の種をまく

五十二歳《さい》ぐらいまでひっこみじあんだったはずなのに、気がついたら、わたしはこんなに物事を前向きに考える人になっていました。

今まで出会った魅力的《みりょくてき》な子どもたちから教えられ、すてきな大人たちから学ばせてもらったおかげです。こんなオジサンだって変われたのですから、わかいみなさんだってだいじょうぶ、まだまだチャンスはあります。

すでに多くの人たちが、日本とアメリカで、演奏会《えんそうかい》やコンサートの実現《じつげん》にむけて、わたしに手をかしてくれています。支援《しえん》の輪はこれからも広がっていくでしょう。できるかぎり多くのアメリカの子どもたちにも、被爆《ひばく》ピアノの音色をきいてもらいたいと思っています。音楽は、国も人種もこえて、きっと彼《かれ》らの心にとどくはずです。それがわたしにできる、「平和の種」のまき方です。

その後、アメリカのオバマ大統領《だいとうりょう》の核兵器削減《かくへいきさくげん》の決意は、一歩前進しました。世界の核兵器の九五%を保有《ほゆう》するアメリカ、ロシアの両国が、大幅《おおはば》な核兵器削減に合意したのです。二〇一〇年四月八日、両国はチェコのプラハで、すでに配備《はいび》ずみの核弾頭数《かくだんとうすう》の上限《じょうげん》をそれぞれ、千五百五十、その兵器の運搬手段《うんぱんしゅだん》を八百と、史上最低レベルにまでへらす条約《じょうやく》をむすびました。

ただし、核兵器の「削減」とは、核兵器をすぐにはつかえない状態《じょうたい》にすること。兵器そのものをなくしてしまう「廃棄《はいき》」とはちがいます。また、大幅にへらされるといっても、最近の核兵器の破壊力《はかいりょく》は、広島や長崎に落とされた原子爆弾《げんしばくだん》とは、くらべものにならないほど大きいのです。約束どおりへらされても、地球上でくらしている、すべての人の命を何度もうばうだけの核兵器があることも事実です。

しかし、わたしたちに絶望《ぜつぼう》しているヒマはありません。

九月のニューヨークでの被爆《ひばく》ピアノの演奏会《えんそうかい》は、「核兵器のない世界」にむけた、新たな出発点になるでしょう。

ピアノの音色に耳をすましてくれるお客さんが少なくてもかまいません。それがゆっくりと大きなうねりになっていくことを、わたしはこの五年間ですでに経験《けいけん》しています。日本でも数百人規模《きぼ》のコンサートより、数十人規模の演奏会のほうから、より多くの新たな演奏会のリーダーがうまれてきました。これぐらいの人数なら、自分にも集められそうだ、そう思ってもらえたからでしょう。

被爆《ひばく》ピアノの演奏会《えんそうかい》を、最初にはじめたのはわたしです。

今から思えば、本当に小さな一歩でした。そこにいろいろな人たちがかかわってくれて、それぞれの小さな力をかしてくれました。そのおかげで被爆ピアノのことを、より多くの方々に知ってもらえるようになりました。小さいからつながれて、小さいからこそ大きくなれるのです。

二〇一〇年、わたしがまいた「平和の種」が新たな芽を出しました。

地元広島の大学生たちが、十五人ほどのサークルをつくって、被爆ピアノの活動を応援《おうえん》してくれることになったのです。昨年、その大学でFM放送をおこなっている放送部の取材をうけたところ、被爆ピアノの物語と、わたしの活動に学生たちが感動してくれたことがきっかけです。

すでに彼《かれ》らは広島県内三か所で演奏会を企画《きかく》して、動きだしてくれています。彼らが卒業しても、放送部でその活動を代々引きついでいってくれるといいます。地元の学生がこの活動をささえてくれるなんて、これほど心強いことはありません。

今まで被爆ピアノの演奏をきいてくれた全国の子どもたちが、十年後、二十年後にそれぞれの場所で、いったい、どんな小さな芽を出してくれるのか。わたしは今から楽しみでしかたありません。

二〇〇一年からわたしがつづけている「アオギリ平和コンサート」のシンボル、たった一本の被爆《ひばく》アオギリ。原爆が落とされた焼け野原の真っただなかで、木の表面が色あせても、けっして枯《か》れませんでした。そのとなりで小さな芽をのぞかせていたアオギリが、その青緑色の枝々《えだえだ》を力強くのばすまでに、戦後六十年ちかくかかりました。わたしもあせらずにじっくりと待つことにしましょう。

自分のやりたいことや、夢《ゆめ》をかんたんにあきらめない。
まず今日できることからはじめる。
自分を信じてがんばってみる。

その三つが、五十八歳《さい》のわたしの永遠《えいえん》のテーマです。

【世の中への扉】シリーズについて

本当にあった〈出来事〉に心震わせ、
〈自然〉の驚異と美しさに心奪われ、
人々の暮らし息づく〈社会〉に心開かれる。
そんな事実《ノンフィクション》だけが持つ直球の感動を届けます。

構成　荒川　龍
写真　矢川光則
装丁　城所　潤（Jun Kidokoro Design）

世《よ》の中《なか》への扉《とびら》
海《うみ》をわたる被爆《ひばく》ピアノ

2010年7月26日　第1刷発行
2025年5月14日　第7刷発行

著　者　矢川光則《やがわみつのり》
発行者　安永尚人
発行所　株式会社　講談社
〒112-8001　東京都文京区音羽2-12-21
電話　編集　03-5395-3535
販売　03-5395-3625
業務　03-5395-3615

KODANSHA

印刷所　株式会社新藤慶昌堂
製本所　株式会社若林製本工場
本文データ制作　講談社デジタル製作

N.D.C. 916　143p　20cm　ISBN978-4-06-216351-4